使徒の働き

－神の国の広がり－

こうして、教会は
ユダヤ、ガリラヤ、サマリアの全地にわたり
築き上げられて平安を得た。
主を恐れ、聖霊に励まされて前進し続け、
信者の数が増えていった

使徒の働き 9 章 31

聖書を読む会

目 次

さあ始めましょう —手引の使い方— I

　グループ聖研の場合の指針 I

はじめに 3

「神の国の福音」—「使徒の働き」を読む前に 4

1 課　イエスの証人となる備え 1:1-26 6

　A「使徒の働き」の著者 1:1-2 6

　B イエスの復活から昇天まで 1:3-11 6

　C 祈りとマッティア〔マティア〕の選び 1:12-26 8

2 課　聖霊降臨とペテロの第一の宣教 2:1-36 10

　A 聖霊が注がれる 2:1-13 10

　B ペテロの第一の宣教(I)—終わりの日とメシアの到来 2:14-22 11

　C ペテロの第一の宣教(II)—メシアの復活・昇天・統御 2:23-36 13

3 課　教会の誕生 2:37-47 16

　A 三千人の回心 2:37-42 16

　B 信者の生活 2:43-47 16

4 課　神殿での癒やしとペテロの第二の宣教 3:1-4:4 19

　A 神殿での癒やし 3:1-11 19

　B ペテロの第二の宣教(I)—復活したイエスによる癒やし 3:12-16 19

　C ペテロの第二の宣教(II)—イエスの受難と万物の刷新 3:17-21... 20

　D ペテロの第二の宣教(III)—世界を祝福する民となる 3:22-4:4 22

5 課　圧迫の中で成長する教会 4:5-6:7 24

　A 神に従い、祈り、語る人々 4:5-31 24

　B 信者の中の分かち合いと欺き 4:32-5:11 27

　C 拡大する神の国 5:12-42 29

　D 教会の組織化と問題 6:1-7 32

6 課　ステパノ（ステファノ）の働き 6:8-8:3 34
　　A ステパノに対する策略 6:8-15 34
　　B ステパノの説教 7:1-53 34
　　C ステパノの殉教 7:54-60 37
　　D エルサレム教会への迫害 8:1-3 37

7 課　ピリポ（フィリポ）の働き 8:4-40 39
　　A サマリアでの働き 8:4-25 39
　　B エチオピア人の高官を導く 8:26-40 42

8 課　サウロの回心と働き 9:1-30 44
　　A サウロの回心 9:1-19 44
　　B サウロの働き 9:19-25 45
　　C サウロ、エルサレムへ 9:26-30 45

9 課　ユダヤからサマリアまでの教会の広がり 9:31 47

10 課　ペテロの働き 9:32-10:48 48
　　A アイネアとタビタの癒やし 9:32-43 48
　　B 異邦人コルネリウスの回心 10:1-11:18 50

11 課　アンティオキア教会 11:19-30 53

12 課　ペテロとヘロデ王 12:1-24 55
　　A ヤコブの死とペテロの逮捕 12:1-5 55
　　B ペテロの救出 12:6-19 56
　　C ヘロデの死 12:20-24 56

13 課　パウロの第一回宣教旅行 12:25-14:28 58
　　A アンティオキア教会による派遣 12:25-13:3 58
　　B キプロスでの働き 13:4-12 58
　　C ピシディアのアンティオキアでの働き(I) 13:13-43 60
　　D ピシディアのアンティオキアでの働き(II) 13:44-52 63
　　E イコニオンでの働き 14:1-7 63
　　F リステラ〔リストラ〕での働き 14:8-20 65
　　G デルベでの働きとアンティオキアへの帰還 14:20-28 66

14 課　エルサレム会議 15:1-35 68
　A 会議の背景 15:1-5 68
　B 会議 15:6-21 68
　C 諸教会への書状 15:22-35 70

15 課　パウロの第二回宣教旅行 15:36-18:22 72
　A 小アジア再訪 15:36-16:5 72
　B ピリピでの働き 16:6-40 74
　C テサロニケでの働き 17:1-9 77
　D ベレアでの働き 17:10-15 77
　E アテネでの働き 17:16-34 78
　F コリントでの働き 18:1-17 80
　G アンティオキアへの帰還 18:18-22 83

16 課　パウロの第三回宣教旅行 18:23-21:16 84
　A 第三回宣教旅行の開始とアポロの働き 18:23-28 84
　B エペソでの働き(I) 19:1-12 84
　C エペソでの働き(II) 19:13-40 86
　D エペソからマケドニア、トロアスへ 20:1-12 88
　E トロアスからミレトスへ 20:13-16 88
　F ミレトスでの告別説教 20:17-38 90
　G ミレトスからエルサレムへ 21:1-16 93

17 課　エルサレムからローマへ 21:17-28:30 95
　A エルサレムでの働き(I) 21:17-36 95
　B エルサレムでの働き(II) 21:37-23:11 97
　C カイサリアでの働き(I) 23:12-25:12 100
　D カイサリアでの働き(II) 25:13-26:32 103
　E ローマへの旅 27:1-28:16 106
　F ローマでの働き 28:17-30 108

おわりに 110

巻末注 112

年表・地図

さあ始めましょう

― 手引の使い方 ―

この手引は、グループでの聖書研究や個人の学びと祈りのために作られました。

グループ聖研の指針

I. 司会者

グループの中で司会者を決めましょう。司会者は、手引にそって質問をする人です。参加者の意見を引き出し、参加者同士が話し合えるよう励まします。また司会者は、どのような意見でもその是非を判断しないようにしましょう。意見の相違を解決する必要はありません。司会はできれば交代で行います。

2. 参加者

お互いの意見を尊重して、考えたことを率直に分かち合い、学んでいる聖書箇所から語り合いましょう。また、脱線を避け、他の聖書箇所や資料からの話をしないように気をつけましょう。

3. 学びの時間

グループの状況や必要に応じて調節してください。

4.「考えよう」

各セクションの最後にある「考えよう」の質問は、状況に応じ、選んでお使いください。

5.「祈り」

「祈り」は、これを参考にしながら、それぞれの祈りを加えたり、数人が祈った後に、書かれた祈りで学びを閉じるなど、グループの状況に合わせてお使いください。

6. 解釈の違い

解釈の違いがある場合は、教会の教職者・指導者の立場を尊重してください。

1

凡 例

〔　〕　　この手引は「聖書 新改訳 2017」(以下、新改訳)に準拠しています。〔　〕は「聖書 聖書協会共同訳」(以下、共同訳)の表記で、新改訳と大きく違う場合に記しています。聖書箇所の略式表示は、新改訳の巻末一覧に従っています。
　　　　　　例) イザヤ書 45 章 18 節 → イザ 45:18

　この印がある場所は、巻末の地図で確認しましょう。

巻末注　　右肩に数字の付いていることばは、関連する聖書箇所が巻末に記されています (例:「初めから⁵」)。その聖書箇所は、より深く学びたい方のための参照箇所ですから、聖研の場では開く必要はありません。

脚注　　　下線のあることばは、各ページの下 (脚注) で解説されている用語です (例: テオフィロª)。脚注にある聖書箇所は確認のためのもので、聖研の場では開く必要はありません。

注)　　　質問のあとに、必要な注を記してあります。

コラム　　まとまった説明がされている用語です。

年表　　　時代背景を理解するために、参考にしてください。

コラムのテーマとページ

イスラエルと十二部族	9
バベルとペンテコステ	15
主	15
不思議としるし	18
分かち合う交わりとローマ帝国	31
パリサイ派	41
救い、救い主	62

家の教会	76
神を敬う異邦人	82
ユダヤ人と律法	89
ローマの平和と街道	92
旧約聖書続編	92
神殿警告碑	99
ローマ市民権	99
復活	105

はじめに

　福音書の最後に描かれている弟子たちの姿は、決して力強いものではありませんでした。イエスがオリーブ山で捕らえられたとき、弟子たちはイエスを見捨てて逃げ出しました[1]。イエスが処刑されると、彼らはイエスこそメシア（キリスト）であるという期待が裏切られて落胆し[2]、エルサレムでユダヤ人を恐れて戸を閉めて隠れていたのです[3]。

　その弟子たちが、2ヶ月も経たないうちに、誰をも恐れず大胆に福音を語り始めます。それから、わずか30年で「世界中を騒がせてきた者たち」[4]と言われるまでに、地中海世界を福音で満たし、各地に教会を築き上げていきました。

　「使徒の働き」には、そのような弟子たちの変化の理由と宣教の働き、また、指導者である使徒たちが語ったキリスト教の中心的な教え、そして使徒たちと教会が初めて直面したさまざまな問題とその解決への道筋が、生き生きと描かれています。

　現代の私たちが何を信じて、どのように生き、そして、伝えるのか、どのような教会を築いていくのか、「使徒の働き」が語る信仰と教会の原点から学びましょう。

「神の国の福音」-「使徒の働き」を読む前に

　聖書は救いを表すためにさまざまなことばを使っています。福音書では「神の国」ということばが多く使われていますが、「使徒の働き」においても、初めから[5]終わりまで[6]、書を通して使われていることばです。

　「使徒の働き」を理解するために鍵となる**「神の国」**について、まず、確認しておきましょう。

1　神の国とメシア

　「神の国」とは、「神が王として私たちの生活と社会を正しく治めてくださる」という意味のことばです。

　人と世界は本来、大変美しく、神への賛美と人間相互の愛に満ちた、非常に良いものでした[7]。しかし、人の罪のゆえにその良い世界が歪んでしまいました。偶像崇拝、憎しみと戦争、貧富の差や環境破壊などはその結果です。

　しかし神は、メシアを通して人と世界を正しく治め、それを本来の姿に回復し完成させる、つまり、メシアによって「神の国」を全地にもたらすと、旧約聖書で約束してくださいました。そして、イエスこそが、そのメシアであると宣言するのが新約聖書です。

注）　・マタイの福音書では「天の御国」ということばが多く使われていますが、「神の国」と同じ意味です。

　　　・メシアはヘブル語で「油注がれた者」という意味です。王や祭司を任じる時に油を注いだことに由来しています。そのギリシア語訳が「キリスト」です。

2　神の国の広がりと完成

　ユダヤ人は、終わりの日に現れるメシアが、ローマ帝国という敵を武力によって破り、イスラエルを国家として再興し、世界を支配してくださると考えていました。しかし、真のメシアであるイエスは、そのような力ではなく、愛によって「神の国」を広げていきます。イエスは神を愛し、人を愛し、ついには、人のために十字架で命を捨てました。その後、復活し、天に昇られたイエスは、聖霊により、弟子たちを通して、「神の国」を広げておられます。

そして、再び来られる時に「神の国」を地上で[8]完成させてくださいます。それは、神が最初に計画された、美しく良い世界が完成する時です。

注）「万物が改まる」「新天新地」といった聖書の表現は、完成された神の国を指し、「御国を受け継ぐ」「世界の相続人となる」とは、私たちがその地に、肉体をもってよみがえることを指しています。

3 神の国と十字架

イエスが「神の国」を広げ、完成するためには、世界を歪めた人間の罪の問題、神のさばき、悪の力と悪魔の支配、そして、死そのものを、根本から、また、決定的に解決しなければなりません。イエスの死と復活は、そのすべてに完全な解決をもたらしました。そしてイエスは、天に昇り、神の右の座につき、世界全体を導き始めました。弟子たちに聖霊を遣わして、罪に打ち勝ちイエスのように生きることを可能にしてくださいました。十字架の死と復活によって、世界はまったく違う方向に歩み始めたのです。「神の国」の開始です。

4 神の国と十字架のつまずき

このように、イエスの十字架の死と復活こそが「神の国」の土台でしたが、ユダヤ人には理解できませんでした。ユダヤ人は、異教徒であるローマを打ち破るのがメシアであると考えたので、そのローマによって殺されたイエスは、メシアではあり得なかったのです。

イエスと共に歩み、その死と復活をあらかじめ告げられていた弟子たちでさえ、その意味を理解していませんでした。イエスこそメシアであるという期待は、その死によって消え去り、弟子たちは落胆します。復活の知らせを聞いても、彼らには、たわごととしか思えませんでした。これが、復活直後の弟子の姿です。そのため、イエスは弟子たちに「神の国」とご自身の死の意味について改めて教え、またご自身が確かによみがえられたことを示さなければならなかったのです。

1課 イエスの証人となる備え　1:1-26

A 「使徒の働き」の著者　1:1-2

　「使徒の働き」の著者であるルカは、イエスの行いと教えを書き記した「ルカの福音書」をテオフィロ[a]に献呈しました[9]。パウロの宣教旅行に一時同伴したルカは、その後編として「使徒の働き」を記しました。

B イエスの復活から昇天まで　1:3-11

　ルカは福音書の最後の部分で、イエスが天に上げられた日までを記しました[10]。それは使徒の働き1章と重なっています。

1 イエスは苦しみを受けた後、どれほどの期間、使徒たちに現れ、何を示し、何について語りましたか（1:3）。

2 なぜ、40日間も使徒たちに語り、示したのでしょう。p.5「4 神の国と十字架のつまずき」参照。

3 イエスは使徒たちにどのようなことを命じましたか（1:4-5）。それは何のためでしたか。父の約束[b]、聖霊によるバプテスマ[c]

4 使徒たちはどのような質問をし、イエスはどう答えましたか（1:6-8）。

5 使徒たちの質問とイエスの答えは、「神の国」に関する理解の違いをどのように表していますか。p.4「2 神の国の広がりと完成」も読んで考えましょう。

---

[a] テオフィロ：この人物が誰であるかは不明。
[b] 父の約束：父なる神が聖霊（助け主〔弁護者〕）を遣わすと約束したことを指す（ヨハ 14:16-17、26）。
[c] 聖霊によるバプテスマ：聖霊を受けること。ヨハ 20:19-23 など。

6 イエスの証人となるために、聖霊による力が必要なのはなぜでしょうか（ヨハ 15:26）。

7 イスラエルの再興について質問した直後の使徒たちは、イエスに起こった出来事（1:9）をどのように感じたと思いますか。

8 昇天したイエスは何をしていますか（エペ 1:20-22）。<u>神の右の座</u>[a]

9 白い衣を着た人は何を伝えましたか（1:10-11）。

 まとめ ・・・・・・・・・・・・・・・・・・・・・・・・・

　イエスは復活の後、使徒たちに現れて神の国について語り、ご自身が確かによみがえったことを示しました。その後、イエスは天に昇り、神の右の座に着かれました。そして、万物を保ちつつ、世界を治め、導いておられます。神の救いのご計画は、このイエスがご自身の霊により、使徒や弟子たちを通して、神の国を地の果てにまで広げることです。これから始まる使徒の働きは、その神の国が広がっていく記録です。

考えよう ・・・・・・・・・・・・・・・・・・・・・・・・・

　私たちは「神の国」について正しく理解しているでしょうか。p.4-5の「神の国の福音」をもう一度読んで、新しく教えられたことや、理解が難しく感じたことなどについて、語り合いましょう。

祈り ・・・・・・・・・・・・・・・・・・・・・・・・・

　神よ、私たちも「神の国」を正しく理解し、主イエスのよみがえりを確信できるように助けてください。

---

[a] 神の右の座：神の権威と力が委ねられ、それを実行する立場を表す。イエスが全世界を治め、導いておられる主権者であることを示している。

C 祈りとマッティア〔マティア〕の選び 1:12-26

イエスの昇天を目撃し、イエスが再び地上に戻る（再臨）という約束を聞いた使徒たちは、エルサレムに戻って行きます。

1 イエスの昇天はどこで起こりましたか (1:12)。<u>オリーブという山[a]、安息日…道のり[b]</u>

2 使徒たちはエルサレムに戻って何をしていましたか (1:13-14)。彼らはどのような祈りをささげていたと思いますか。

3 ペテロは何が必要だと語っていますか (1:15-22)。

4 復活の証人の条件は何ですか (1:21-22)。

5 誰がどのように選ばれましたか (1:23-26)。<u>十二使徒[c]</u>

まとめ ·····························

イエスの昇天の後、使徒たちは弟子たちと合流して祈りに専念していました。そして、ユダの代わりにマッティアを使徒の一人に選び、使徒は十二人となりました。それは、神の民が、「イスラエル十二部族」に代わって新しく形作られ、新たな歩みが始まることを意味しています。p.9 コラム「イスラエル十二部族」参照。

このように、弟子たちはイエスの証人として生きる準備を整え、あとは、聖霊を受けるばかりとなりました。

---

[a] オリーブという山：エルサレムの東にある山。当時オリーブ畑が傾斜を覆っていた。
[b] 安息日…道のり：安息日律法を犯さずに歩ける距離で約 900m。
[c] 十二使徒：「使徒」は遣わされた者の意味。弟子の中でも特別に主に選ばれた、イエスの復活の証人であった。「十二」は、イスラエルの十二部族にちなんだ数字。十二人の使徒に加え、パウロなど数人も使徒と呼ばれている。

考えよう ・・・・・・・・・・・・・・・・・・・・・・・・・・・・・・・・・・・・・・・

　私たちが属する教会は、あの十二部族に代わって神に特別に選ばれた新しい神の民です。神の民の使命を思い出して、これからは、私たちがどのように歩んでいったらよいか語り合いましょう。

 祈り ・・・

　父なる神よ、十二使徒を中心に新しい神の民が召し出され、地の果てにまで証人となっていきました。世界に救いをもたらすという約束を守ってくださるあなたをほめたたえます。

=== **コラム** ===

「イスラエル十二部族」

　紀元前19世紀頃、神は、メソポタミアの都市国家ウルからアブラハムを召し出し、約束の地カナンに導きました。アブラハムにイサクが生まれ、イサクにヤコブが生まれ、ヤコブ（後にイスラエルと改名）には12人の息子が生まれました。その12人は、それぞれが大きな部族となり、イスラエル民族を形成しました。彼らは、神の祝福（救い）を世界にもたらす民となると、神は約束してくださいました（創12:1-3）。

2課　聖霊降臨とペテロの第一の宣教　2:1-36

　イエスの復活を確信し、神の国について改めて教えを受けた弟子たちは、新しい神の民として歩む準備ができました。そして「エルサレムを離れないで、わたしから聞いた父の約束を待ちなさい」(1:4)という命令に従って、イエスの昇天後、エルサレムにとどまっていると、間もなく五旬節[a]の日になりました。

A　聖霊が注がれる　2:1-13

1　五旬節の日に何が起こりましたか（2:1-4）。

2　聖霊が注がれることに関して、弟子たちは主から何を聞いていましたか（1:8）。

3　地の果てにまで証人になることと、他国のことばで話し出すのはどのような関係があるでしょう。

4　ユダヤ人は何に驚きましたか（2:5-8）。

5　五旬節の祭りに集まった大勢のユダヤ人はどこからやってきましたか（2:8-11）。改宗者[b]　📖1

　　注）新アッシリア帝国と新バビロニア帝国による捕囚以降、ユダヤ人は中近東と地中海地域に離散し、多くの主要都市に定住しました。神の民としての意識と信仰を保ちつつも、定住した先の言語と文化を身につけていました。

6　人々の反応はどのようなものでしたか（2:12-13）。

---

[a] 五旬節：過越の祭りから50日目のユダヤ人の祝祭日。

[b] 改宗者：異邦人であったが割礼を受けてユダヤ教徒になり、律法を守っている者。

B ペテロの第一の宣教（1）— 終わりの日とメシアの到来 2:14-22

人々の反応に対し、ペテロは声を張り上げ語り始めました（2:14）。

1 ペテロは 13 節の批判に対し、どのように答えましたか（2:15）。

2 ペテロはヨエル書 2:28-32〔3:1-5〕を引用して人々に語りました（2:16）。いつ聖霊が注がれるのですか（2:17）。<u>終わりの日</u>ᵃ

3 聖霊が注がれると何が起こりますか（2:17-18）。

4 終わりの日に、他に何が起こりますか（2:19-20）。<u>不思議、しるし</u>ᵇ、<u>天に不思議…</u>ᶜ

5 誰が救われますか（2:21）。
注）救いをもたらす「終わりの日」は、聖霊が注がれた時から始まり、今に至っています。

6 神はユダヤ人の間で何をしましたか。そのことによって何をしようとされたのですか（2:22）。<u>脚注参照</u>ᵈ

ᵃ 終わりの日：旧約聖書では、メシアが現れ、ユダヤの王となって国を再興し、世界を治めるようになる時を指した。ユダヤ人が待ち望んでいた救いの日。神の国が到来する時でもある。

ᵇ 不思議、しるし：イエスが行った奇跡は神の霊によるわざであり、終わりの日が来たしるしだった（2:22）。

ᶜ 天に不思議…：文字通りの意味ではなく、社会や歴史が覆（くつがえ）されるような大きな出来事を暗に示す表現。黙示録やエゼキエル書などで多く使われている。

ᵈ この方を証しされた：イエスがメシアであることを明らかにしたことを指す。

まとめ ·

　異教徒に殺されてしまったイエスはメシアではなく、「終わりの日」が
来たのでもない、とユダヤ人たちは考えていました。その考えに対して
ペテロは、聖霊が弟子たちに臨んだのは「終わりの日」が来たしるしで
あると述べます。また、イエスが公生涯で行ったさまざまなみわざも、
「終わりの日」が来たしるしであって、それは神がイエスをメシアである
と証しするものだと語りました。

　注）「公生涯」とは、メシアとして公に活動し始めてから十字架の死までのことです。

考えよう ·

1. 聖霊が注がれたことにより、私たちは、さまざまな隔ての壁を越えて
   一致し、神と人とに仕えることができるようになりました。現在、
   私たちの周りに、人と人を隔てるどのような壁があるでしょうか。
   それをどのように乗り越えたらよいでしょうか。p.15 コラム「バベ
   ルとペンテコステ」を読んで語り合いましょう。

2. イエスの公生涯でのみわざ、そして、聖霊が注がれたことは「終わり
   の日」が来たしるし、また、「神の国」が到来したしるしでした。
   2000 年前にすでに「終わりの日」が始まったとは、どのようなこと
   でしょうか。私たちは、「今」をどのような視点で見たらよいでしょうか。

祈り ·

　神よ、聖霊を遣わしてくださったことを感謝いたします。私たちが、
さまざまな隔ての壁を越えて、一致して神と人とに仕え、イエスの証人
となっていくことができるように聖霊によって助けてください。

C ペテロの第一の宣教 (II) ― メシアの復活・昇天・統御 2:23-36

　イエスは公生涯でさまざまな「力あるわざと不思議としるし」を行いました。それは、終わりの日が来たしるしであって、「イエスはメシアである」と神が証ししたものだとペテロは語りました（2:22）。

(1) 復活　2:23-32

1 イスラエルの人たちは、メシアであるイエスに対して何をしましたか（2:23）。

2 神はイエスに何をされましたか（2:24）。

3 ペテロは詩篇[11]を引用しています（2:25-28）。「私」は、自分の死についてどのように語っていますか（2:27）。
　注）この詩篇の中で「私」と「敬虔な者」はイエスを、「あなた」は神を指しています。<u>身、たましい</u>[a] <u>よみ</u>[b]

4 イエスはよみがえりましたが、ダビデについてはどのように語られていますか（2:29、34）。<u>墓</u>[c]

5 ダビデは何を知っていましたか（2:30-31）。<u>ダビデの子孫</u>[d]

6 使徒たちは何の証人ですか（2:32）。

---

[a] 身、たましい：聖書では、肉体とたましいは分離しているのではなく、人間の異なった側面を指している。

[b] よみ：死者が一時的にとどまる地下の世界と考えられていた。

[c] 墓：人は死ぬと天に上るのではなく（2:34）、墓に葬られ、終末の復活の日までそこにいると考えられていた。

[d] ダビデの子孫：ダビデの子孫から、イスラエルの王、世界の王となるメシアが出るという預言があるため、メシア（キリスト）は「ダビデの子」とも呼ばれた。

(2) 昇天と統御　2:33-36

1 イエスはどこにおられ、何をしてくださいましたか（2:33）。

2 ダビデはどのようなことを言いましたか（2:34-35）。

注）これは詩 110:1 からの引用です。ヘブル語では最初の「主」はイスラエル の神を指す「ヤハウェ」、次の「主」は「主人」を意味する「アドナイ」 が使われています。つまり、神がメシアに語っている詩篇です。

当時のユダヤ人にとって詩篇 110 篇は、メシアについて語る大切な 詩篇でした。それによると、終わりの日に来られるメシアは、神の右 （p.7 脚注参照）にいて、国々をさばいて全世界を治める主権者です。 ペテロはこの詩篇を引用することによって、イエスこそがこのメシア （キリスト）であると強く宣言しています。p.15 コラム「主」参照。

3 最後にペテロは何と言って、人々に迫っていますか（2:36）。

4 イエスが昇天する前、使徒たちは、復活したイエスから 40 日間も 教えを受けていましたが、まだ十分な理解に至っていませんでした （1:6）。しかし、それから 10 日ほど経った五旬節のペテロの説教は、 旧約聖書を土台にイエスがメシアであることを力強く論証するもの でした。何によってそのような変化がもたらされたのでしょう （1:8）。ヨハ14:26 参照。

📖 まとめ ・・・

神がメシアとして証ししたイエスをユダヤ人は殺してしまいました。 しかし、イエスは、旧約聖書の預言のとおりによみがえり、天に昇り、 神の右に座して世界を治める主となりました。ペテロは、ユダヤ人に 対し、神が主ともメシア（キリスト）ともされたイエスを十字架につけ た、と言って悔い改めを迫りました。

考えよう

1. もしイエスが復活しなかったならば、キリスト教は生まれません
でした。それはなぜだと思いますか。
2. イエスは現在に至るまで、主として世界を治め、歴史を導いておら
れることを学びました。しかし、そのようには見えないことが私
たちの周りで、また歴史の中で起こっています。私たちは、イエス
のご支配をどのように考えたらよいのでしょうか。

祈り

神よ、聖書が預言したように、メシアであるイエスが確かによみ
がえり、天に昇り、神の右におられて全世界を治める主となられた
ことを信じます。私たちを、主イエスに従う者と変えてください。

コラム

「バベルとペンテコステ」

神は、人間が全地に満ちて、神と人を愛し、地を正しく治めるよう望まれ
ました（創1:26-28）。しかし、人間は世界に散っていくことを拒み、力を合わせ
て神に逆らい、バベルの塔を建てました。そこで、神は人間のことばを乱し、
地の全面に散らされました（創11:1-9）。確かに、人は世界に満ちていきま
したが、その時以来、言語の壁が民族間の一致と協力を妨げてきました。

聖霊が遣わされて言語の壁を越えたペンテコステの出来事は、この
神への反逆の結果を逆転させ、言語、民族、文化を越えて、人々が一致して
神と人とに仕え、被造世界を正しく治める道を開きました（コロ3:11）。

「主」

「主」は、「主人」を意味する「キュリオス」（ギリシア語）の訳語です。
「キュリオス」ということばには「主権者である神」という意味もあります。
ローマが帝政期に入ると、自らを神とし、自分のことを「全世界の主
（キュリオス）」と呼ばせる皇帝も出てきました。

クリスチャンがイエスを「主」という時、全世界と歴史を治める主権者
であるイエスこそが、私の主人であり、神であるという告白をしています。

3課 教会の誕生　2:37-47

　ペテロは、エルサレムに集まっていた人々にイエスがよみがえられたことを告げ、「神が今や主ともキリストともされたこのイエスを、あなたがたは十字架につけたのです」と言って悔い改めを迫りました。

A　三千人の回心　2:37-42

1　ペテロのことばを聞いて心を刺された人々は、どうしたらよいかとペテロに尋ねました。ペテロはどのように答えましたか (2:37-38)。

2　この約束は誰に与えられていますか (2:39)。

3　人々はペテロの勧めにどう応えましたか (2:40-41)。バプテスマ[a]

4　弟子になった者は、何をしていましたか (2:42)。交わり[b]、パンを裂く[c]

5　使徒たちはどのようなことを教えていたと思いますか。1:3 やペテロの説教（2:22-36）を参考に考えましょう。

B　信者の生活　2:43-47

1　使徒たちは何をしましたか (2:43)。使徒たちが「不思議としるし」を行ったのは、何を意味していますか。p.18 コラム「不思議としるし」参照。

---

[a] バプテスマ：洗礼を指す。回心のしるしとして水に浸されること。
[b] 交わり：神を父とする家族、全てを分かち合う共同体のあり方を指す。
[c] パンを裂く：最後の晩餐にさかのぼり、主の十字架と復活を覚えるためのもの。現在の聖餐式にあたる。

2 信者となった者たちは、自分の財産や所有物をどうしましたか。どのような思いでそうしたのでしょう（2:44-45）。

3 「使徒たちの教え」には、イエスの語られたことが含まれていました。イエスの弟子になるための教え（ルカ 14:33）と、この出来事はどのように結びつくと思いますか。

4 信者たちは毎日何をしていましたか（2:46-47）。宮に集まり[a]

5 教会にとってなくてはならないことが、初期のクリスチャンの集まりから読み取ることができます。それはどのようなことでしょうか（2:42、46-47）。

6 クリスチャンの共同体のあり方を見た周りの人々はどのような反応をしましたか（2:47）。なぜそのような反応があったのでしょう。

7 主は何をしてくださいましたか（2:47）。

まとめ ・・・・・・・・・・・・・・・・・・・・・・・・・・・・・・・・

　本来、イスラエルは、律法に描かれている正義と愛を実践することによって、国々を照らす光となり[12]、すべての民族（氏族）を祝福するはずでした[13]。しかし、イスラエルは神に背を向け続けたために、世界を祝福する使命を果たすことができなかったばかりか、捕囚という懲らしめを受けました。ところが、神は、旧約聖書の中で、イスラエルの民の心が聖霊によって新たにされ[14]、律法に描かれているような神のみこころを表す共同体に変えられると預言していました[15]。その預言が、このペンテコステの時、メシアであるイエスを通し、聖霊によって実現したのです。（次頁に続く）

---

[a] 宮に集まり：宮は神殿を指す。初期のクリスチャンは礼拝のために神殿に集っていた。

イエスを信じる新しい神の民は、使徒たちの教えを堅く守り、礼拝と賛美と祈りをささげ、パンを裂き、食事を共にし、全てを分かち合っていました。その生き方が周りの人に好意を持たれ、救われる人々が加わっていきました。

考えよう ....

ここに描かれているのは新しい神の民、すなわち、教会のあり方の基本です。どのようにしたら、このような教会のあり方に近づいていけるでしょうか。私たちのグループや教会が学べることはありますか。周りの人々の救いのために、何が大切か考えてみましょう。

祈り ....

父なる神よ。主でありメシア（キリスト）である方が十字架につけられたのは、異邦人である私たちの罪のゆえでもありました。私たちも悔い改めます。主イエスのゆえに罪が赦され、聖霊を受けることができたことを心より感謝いたします。

私たちも使徒たちの教えを堅く守り、兄弟姉妹と持てるものを分かち合い、共にパンを裂き、食事をし、賛美し祈ることができるよう、聖霊によって助けてください。

コラム

「不思議としるし」

イエスや使徒たちによる不思議としるしは、神の力の現れであり、イエスがメシアであることを示す証拠でした。また、それは、苦しむ人々に対する神の愛の現れでもありました。教会は、歴史を通し今に至るまで、祈りつつ社会の底辺にいる人々を助けてきました。このようなことも神の力と愛の現れです。教会はそのことを通して、イエスがメシアであることを示してきたのです。

4課 神殿での癒やしとペテロの第二の宣教　3:1-4:4

　ペテロがユダヤ人に語った結果、三千人ほどが弟子に加えられました。周りの人々はその生き方に好意を持ち、救われる人が加わっていきました。しかし、エルサレム教会は、ペテロとヨハネが神殿に上ったときの出来事によって新たな展開に直面することになります。

A　神殿での癒やし　3:1-11

1　ペテロとヨハネは何をしましたか(3:1)。午後三時の祈りの時間[a]

2　二人に施しを求めたのは、どのような人でしたか（3:2-3）。

3　ペテロとヨハネは、その人の求めにどのように応えましたか(3:4-7)。

4　その結果どうなりましたか（3:7-8）。

5　これを見た人々は、どう反応しましたか（3:9-11）。

B　ペテロの第二の宣教(1) ── 復活したイエスによる癒やし　3:12-16

　ペテロは、驚いて集まって来た人々に、男が癒やされたのは自分の力や敬虔さによるのではないと言いました（3:12）。

1　ペテロは、神が栄光をお与えに[b]なったイエスに対し、ユダヤ人が何をしたと言って責めていますか（3:13-15）。

---

[a] 午後三時の祈りの時間：当時ユダヤ人は一日に三度祈りをささげていたと思われる。これは三度目の午後にささげる祈りであった。

[b] 栄光をお与えに：神が、イエスを神の子メシアとして示されたことを指す。

19

2 神はこの方をどうされましたか(3:15)。ペテロたちは何の証人ですか。

3 誰が、何によって、足の不自由だったこの人を強くしたのですか(3:16)。
注)「名」は、権威や力、また、その人自身を指しました。

C ペテロの第二の宣教(II)—イエスの受難と万物の刷新 3:17-21

1 メシアの受難についてペテロは何と言っていますか (3:17-18)。
注)「預言者たち」とは旧約聖書の預言者を指します。

2 イエスを十字架につけた人々は、罪がぬぐい去られるために何を
しなければなりませんか (3:19)。

3 ユダヤ人が悔い改めて神に立ち返ると、何が起こりますか (3:20)。
回復の時〔慰めの時〕[a]

4 イエスはいつまで天にとどまるのですか (3:21)。それはどのよう
な時でしょう。脚注参照[b]

📖 **まとめ** ・・

　足の不自由な人がいやされたのは、死んで復活したメシアである
イエスの働きであるとペテロは伝えました。メシアが苦しむことなど
ありえないと考えていたユダヤ人に対し、メシアの受難は旧約聖書
で預言されていた出来事であり、そればかりか、イエスがもう一度
地上に来て、万物を改めると語ります。

---

[a] 回復の時：「万物が改まる時」(下記)と同じ。

[b] 万物が改まる時：世の終わりに全世界が新たにされる時のこと。被造物の解放
(ロマ8:21)、新天新地 (IIペテ3:13)、神の国の完成と同じ意味。

考えよう ・・・・・・・・・・・・・・・・・・・・・・・・・・・・・・・・・・・

　「万物が改まる時」は、昔から旧約聖書の中で語られているとあります（3:21）。なぜそれほど強調されているのだと思いますか。p.4「1 神の国とメシア」を読んで考えましょう。

祈り ・・・・・・・・・・・・・・・・・・・・・・・・・・・・・・・・・・・・・・・

　万物の造り主なる神よ、預言されていたように、主イエスが私たちのために苦しみ、よみがえられたことを感謝します。また、私たちは主イエスが再び来られ、万物が改まる時を待ち望みます。

D ペテロの第二の宣教（III）— 世界を祝福する民となる 3:22-4:4

　ペテロは、イエスがもう一度地上に来て、万物を改めてくださると語りました。では、新しい神の民の一員となったユダヤ人には、イエスの再臨まで、どのような使命が与えられているのでしょう。

1 モーセは何を語りましたか（3:22-23）。
注）「私のような一人の預言者」とはイエスを指しています。

2 サムエルと他の預言者が告げ知らせた「今の時」とは何を指すと思いますか（3:24）。

3 神はアブラハムに何と言いましたか（3:25）。
注）これは、創 12:3 に記されている言葉で、聖書全体を貫く、大切な救いの約束[a] です。「祝福」は、神の救いを意味しています。

4 アブラハムの子孫であるユダヤ人には、どのような使命が与えられていますか。

5 神がそのしもべ、イエスを遣わしたのは何のためですか（3:26）。

6 まず、ユダヤ人が祝福されること、また、悪から立ち返ること[16]は、なぜ重要なのでしょうか。創世記 12:1-3 と p.17、3 課の「まとめ」を読んで考えましょう。

7 民の指導者たちはペテロたちの宣教にどう反応しましたか（4:1-3）。

8 人々はどう反応しましたか（4:4）。

---

[a] 大切な救いの約束：創 15:18、17:1-7 には、神がアブラハムと結んだ契約が書かれています。それら全てを含み、全世界へ救いをもたらすと約束しているのが創 12:1-3 です。

まとめ

　アブラハムの子孫であるユダヤ人には、世界に救いをもたらす使命が与えられていました。しかし、彼ら自身が律法から離れ、悪い生活をしていたため、その使命を果たすことができませんでした。そこで、神は、約束のとおり、メシアであるイエスをユダヤ人に遣わし、彼らが悔い改めて神に立ち返ることができるようにしてくださいました。

　ペテロのことばを聞いた人々は、男だけで五千人も信じました。しかし、民の指導者は苛立ち、ペテロたちを捕らえました。

考えよう

　イエスがツロ〔ティルス〕とシドンの地方に行った時のことです。娘の癒やしを求めてきたカナン人の女に対し、自分はユダヤ人以外には遣わされていないと答えました（マタ15:21-28）。イエスの対応は冷たく聞こえますが、今回の学びから、この出来事を新しい視点で捉え直すことができるでしょうか。

祈り

　神よ、あなたがメシアであるイエスを遣わしてくださったことにより、弟子たちをはじめ多くのユダヤ人が悔い改めました。そのことによって、神がアブラハムに語った約束が、成就に向けて大きく前進したことを学びました。人と世界を救う、という約束を守ってくださるあなたの真実をほめたたえます。

5課 圧迫の中で成長する教会　4:5-6:7

　ペテロのことばを聞いた多くのユダヤ人が悔い改め、イエスこそがメシアであると信じ、従い始めました。その数は男だけで五千人にもなり、エルサレムには、民の指導者が無視できない程の大きなうねりが生じていました。

A 神に従い、祈り、語る人々　4:5-31

(1) 尋問されるペテロとヨハネ　4:5-22

1　集まった指導者たちは使徒たちに何を尋ねましたか（4:5-7）。

2　ペテロはどのように答えましたか（4:8-10）。

3　ペテロは、救いがイエスによることを、どのように強調していますか（4:11-12）[17]。要の石〔隅の親石〕[a]

4　民の指導者はどのように反応しましたか（4:13-14）。

5　「無学な普通の人」(4:13)であるペテロは、2章から4章にかけて大胆に、そして、旧約聖書を土台にして、イエスがメシアであることを論証してきました。どうしてこのようなことができたのでしょうか。ルカ8:1、24:27、使1:3、8参照。

6　民の指導者はどうしましたか（4:15-18）。

7　ペテロとヨハネはどう答えましたか（4:19-20）。

8　民の指導者が二人を罰することができなかったのはなぜですか（4:21-22）。

---

[a] 要の石：詩118:22からの引用。建築物の四隅にある礎石、あるいは、要石のこと。教会を建物に例えたとき、イエスがその土台であり、また、教会を一つにしている要であることを示す。エペ2:20-21参照。

(2) 祈り語る教会　4:23-31

1 釈放された二人はどうしましたか（4:23）。

2 仲間たちは何をしましたか（4:24）。

3 彼らは祈りの中で、主をどのような方だと告白していますか（4:24）。

4 神はダビデを通して何と語りましたか（4:25-26）。

　　注）これは詩篇 2 篇からの引用です。詩篇 2 篇は、世の終わりに世界を治めるようになるメシアについて預言しています。

5 この預言はどのように成就しましたか（4:27-28）。ヘロデ[a]、ポンティオ・ピラト[b]。

6 弟子たちは何を祈りましたか（4:29-30）。

7 祈りの結果、何が起こりましたか（4:31）。

まとめ ･･････････････････････････････････････

　生まれつき足の不自由な人の癒やしは、イエスご自身のわざでした。民の指導者はそのことを聞き、しるしが行われたことを認めながらも、悔い改めず、ペテロたちにイエスの名によって語ってはならないと命じます。（次頁に続く）

---

[a] ヘロデ：ヘロデ大王の第二子、ヘロデ・アンティパス。ガリラヤとペレアの領主（在位紀元前 4 - 後 39年）で、イエスの裁判の時に関与している（ルカ 23:6-12）。ヘロデ家は、異邦人のイドマヤ人（エドム人）であったが、ハスモン朝時代（紀元前 140-37 年頃）の前半にユダヤによってユダヤ教に改宗させられていた。

[b] ポンティオ・ピラト：ポンティウス・ピラトゥス。第五代のローマ帝国ユダヤ総督（26-36 年在任）。イエスの十字架刑を決定した（ルカ 23:24）。

しかし、ペテロは「神に聞き従うよりも、あなたがたに聞き従うほうが、神の御前に正しいかどうか、判断してください」（4:19）と答えました。
　ペテロとヨハネは釈放されると、まず、イエスを信じる仲間のところに行き、共に祈りました。弟子たちは民の指導者たちの脅かしに屈しませんでした。弟子たちが祈り求めると、彼らは聖霊に満たされ、神のことばを大胆に語っていきます。

 考えよう ・・

1. 「無学な普通の人」であったペテロが、聖書を土台に語ることができました。私たちはどうしたらもう一歩聖書に親しむことができるでしょうか。

2. 共に祈ることの大切さを体験したことがありますか。

3. 脅かしに直面したエルサレムのクリスチャンは、神に「お守りください」とは祈りませんでした。そのことをどう思いますか。

 祈り ・・

　父なる神よ、私たちも信仰のゆえに反対に直面することがあります。その時は、神に聞き従う勇気をお与えください。また、信仰を共にする仲間と祈る者としてください。

B 信者の中の分かち合いと欺き　4:32-5:11

　神殿での癒やしの結果、ペテロとヨハネは捕らえられましたが、彼らは人に従うより神に従うべきである述べ、その後、仲間と共に祈り、大胆に語り続けました。彼らが築いていった共同体は、どのようなものだったでしょう。

(1) 乏しい者のいない教会　4:32-37

1　信者は何をしましたか（4:32）。

2　使徒たちは何を証ししていましたか（4:33）。なぜですか。p.5「3 神の国と十字架」、「4 神の国と十字架のつまずき」を読んで考えましょう。

3　信者の中に一人も乏しい者がいなかったのはなぜですか（4:34-37）。
　　注）申命記には、神の民の中に乏しい者がいないようにするための具体的な方法が定められていました[18]。イスラエルはこの律法を実行することができませんでしたが、今や、聖霊によってそれが可能となりました[19]。聖書は私有財産を禁じているわけではなく、持てる者が愛のゆえに分かち合うことを教えています[20]。

4　信者が自分のものを他の人と共有できたのはなぜでしょう。ペンテコステ以降の教会の姿から考えて見ましょう。

(2) 信者の中の欺き 5:1-11

1　アナニアとサッピラは何をしましたか（5:1-2）。

2　ペテロはアナニアに何を語りましたか（5:3-4）。

3　続けてどのようなことが起こりましたか（5:5-6）。

4　その事件を知らずにやって来た妻のサッピラは、ペテロの質問にどう答えましたか（5:7-8）。

5 ペテロはどのように応じましたか（5:9）。

6 次に何が起こりましたか（5:10-11）。

7 アナニア夫妻は、どうして真実を言わなかったのでしょう。

まとめ ....

　復活の主を見上げ、聖霊に満たされていくとき、信者の中に、乏しい者がいなくなりました。彼らは罪の性質を乗り越え、創造されたときに神が望まれた姿を現していきます。これは、メシアであるイエスを力強く証しすることでもありました[21]。

　しかし、理想的に見えたその集まりの中にも問題が生じました。自分を実際以上によく見せようとする思いです。アナニア夫妻の問題は、一部を残しておいたことではなく、すべてをささげたかのように振舞い、神を欺いたことでした。

考えよう ....

１. 信者の中に乏しい人がいなくなるためには、どうしたらよいでしょうか。具体的に何ができるか考えてみましょう。

２. 自分の信仰をよく見せたくなるのは、どのような時だと思いますか。

祈り ....

　父なる神よ、私たちを聖霊に満たしてください。そして、私たちが持っているものを分かち合い、乏しい者がいなくなるように助けてください。また、私たちが自分を実際よりもよく見せようとして、神と人を欺くことがないようにお守りください。

C 拡大する神の国　5:12-42

　すべてを分かち合う交わりと、アナニアとサッピラの出来事は、教会だけでなく、それ以外の人々にも大きな衝撃を与えました。そして、教会はますます前進していきます。

1　使徒たちによって何が行われましたか（5:12）。

2　仲間以外の人々の反応はどのようなものでしたか（5:13-16）。

3　ペテロたちのうわさが広がったことは、どのようなことから分かりますか（5:16）。

4　大祭司とサドカイ派[a]の人々はどうしましたか（5:17-18）。なぜですか。

5　主の使いは、捕らえられた使徒たちにどのようなことし、また、命じましたか（5:19-20）。

6　祭司長たちはどうして当惑したのですか（5:21-24）。

7　守衛長らは、使徒たちの居場所が分かると何をしましたか（5:25-27）。最高法院[b]

8　大祭司は何と言いましたか（5:28）。

9　ペテロたちは大祭司にどのように答えていますか（5:29）。

---

[a] サドカイ派：霊と御使いの存在や肉体の復活を信じないユダヤ教の一派で、一般的に社会的な地位が高かった。

[b] 最高法院：サンヘドリン。ユダヤの最高決定機関。ただし、ローマ帝国の支配下にあるときは、その決定に制限があった。

10 神はイエスに対して何をしましたか（5:30）。

11 神が、イエスを導き手、また救い主として、ご自分の右に上げたのは、何のためでしたか（5:31）。

12 誰がそのことの証人ですか（5:32）。

13 使徒たちを殺そうとした議員らに、ガマリエルは何を語りましたか（5:33-39）。

14 使徒たちは何を喜びましたか（5:40-41）。

15 神の国に入れられた者は、迫害の中でも喜ぶはずでした[22]。しかし、かつての使徒たちは、イエスが捕らえられたとき、逃げ出しました[23]。使徒たちは、なぜこれほど変わったのでしょう。

16 使徒たちが迫害の中でも宣べ伝え続けたことは、どのようなことですか（5:42）。

📖 まとめ ・・・・・・・・・・・・・・・・・・・・・・・・・・・・・・・・・・・・

　使徒たちは、仲間以外の大勢の病人を癒やし、悪霊に苦しめられている人々を解放しました。また、指導者たちの圧迫に屈せず、イエスがキリスト（メシア）であることを伝え続けました。

🗣 考えよう ・・・・・・・・・・・・・・・・・・・・・・・・・・・・・・・・・・

1. 使徒たちは、仲間以外の苦しんでいる人々のためにも祈り、病いを癒やしました。私たちは、教会外の苦しんでいる人々のためにできることがあるでしょうか。p.31 コラム「分かち合う交わりとローマ帝国」を読んで考えてみましょう。

2. 「人に従うより、神に従うべきです」と言わざるを得ないのは、どのような状況ですか。

祈り ••

　愛の神よ、教会外の苦しんでいる人々のためにも、信仰をもって祈り、また具体的に行動することができるように助けてください。反対されても、イエスがキリスト（メシア）であることを伝え続けることができるよう、聖霊によって力づけてください。

=== コラム ===

「分かち合う交わりとローマ帝国」

　初期の教会は、ローマ帝国全土に広がっていきましたが、一つひとつの教会の規模は小さなものでした。しかし、他民族の侵入によって国境付近から都市に避難してきた難民を受け入れるなど、教会の愛の働きを通して、回心者の数が急増していきます。すべてを分かち合い、乏しい者がいなかった共同体は、周りの苦しむ人々にも手を差し伸べ、ついにはローマ帝国を動かすほどの影響力を持つようになりました。

D 教会の組織化と問題　6:1-7

　使徒たちが行った奇跡や宣教を通して、弟子たちの数は増えていきました。しかし、数が増えるにつれて、すべてを分かち合っていた教会に問題が生じてきました。

1　教会の中で問題になっていたのはどのようなことですか（6:1）。

　　　注）各地の教会では、乏しい人がいなくなるような配給制度が作られていったようです[24]。女性が働けない社会では、身寄りのないやもめ（寡婦）は社会的に弱い立場に置かれていました。

2　どうしてそのような問題が起こったのか考えてみましょう。

3　十二使徒はどのようなことを提案しましたか（6:2-4）。

4　配給の仕事をするのにふさわしい人々の条件は何でしたか（6:3）。私たちはどのような基準で、教会の奉仕者を選んでいますか。

5　使徒たちの提案を聞いて、教会はどうしましたか（6:5-6）。

6　その結果、何が起こりましたか。どのような人が信仰に入りましたか（6:7）。

まとめ ・・・・・・・・・・・・・・・・・・・・・・・・・・・・・・・・・・・

　信者たちは、乏しい人がいなくなるように配給の制度を作りましたが、問題が生じ、改革が必要になりました。その改革は、使徒たちが祈りとみことばの奉仕に専念できるようにすることでもありました。教会が、直面する問題に向き合い、制度を改革し、問題を乗り越えることによって、弟子の数が非常に増えていきました。

考えよう ・・・・・・・・・・・・・・・・・・・・・・・・・・・・・・・・・・

1. 私たちの教会が置かれている地域で、社会的に弱い立場に置かれているのはどのような人々ですか。私たちのグループや教会として、できることがありますか。

2. エルサレム教会の配給制度にも、すぐに問題が生じました。私たちの身近なところで、制度に問題が生じ、改善した例がありますか。

3. 立てられている指導者が、祈りとみことばの奉仕に励むために、私たちにできることはありますか。

祈り ・・・

父なる神よ。私たちが地域の必要に応えていくために、具体的な一歩を踏み出せるよう助けてください。新しい制度を作る創造性、それを改革していく勇気、ふさわしい人を役職に選ぶ正しい判断力、指導者が祈りとみことばの奉仕に励めるようにする知恵、これらを聖霊によってお与えください。

6課 ステパノ〔ステファノ〕の働き　6:8-8:3

　ステパノは、使徒ではなく、配給係の一人として選ばれた弟子でした。しかし、彼は最初の殉教者となります。

A ステパノに対する策略　6:8-15

1　ステパノはどのような人物でしたか（6:3、5、8）。

2　リベルテンと呼ばれる会堂〔解放奴隷・・・の会堂〕[a]に属する人との間で何が起こりましたか（6:9-10）。

3　彼らはステパノに対してどのようなことをしましたか（6:11-12）。

4　偽りの証人が語ったステパノの罪状は何ですか（6:13-15）。聖なる所[b]

B ステパノの説教　7:1-53

　策略によって捕らえられて最高法院に立たされたステパノは、ひるむことなく語り出します。ステパノは、まず、アブラハムの召命から始まり、モーセによる出エジプトまでのイスラエルの歴史を概観します（7:1-36）。

1　モーセは誰のことを語っていますか（7:37）。

2　イスラエルの先祖たちは、モーセが授かった神のみことばに従いましたか（7:38-41）。

---

[a] リベルテンと呼ばれる会堂：解放奴隷が集まる会堂だったなどの諸説があるが、詳細は不明。

[b] 聖なる所：神殿を指す。

3 その結果、どうなりましたか (7:42-43) [25]。モレク[a]、ライパン[b]

4 荒野でモーセが造らせた幕屋は、その後どうなりましたか（7:44-45）。

5 幕屋のとどまるところ〔神殿〕を求めたのは誰ですか。実際に神殿を建てたのは誰ですか（7:46-47）。

6 神は神殿に住まわれますか（7:48-50）[26]。

7 ソロモン以降、イスラエルはどのような歴史をたどりましたか（7:51-52）。正しい方[c]

8 ステパノのことばを聞いているユダヤ人は、メシアに対してどのようなことをしましたか（7:52）。

9 律法を受けたイスラエルはそれを守ったと言えるでしょうか（7:53）。

≡ まとめ ・・・・・・・・・・・・・・・・・・・・・・・・・・・・・・・

　ステパノは、神殿とモーセの律法に逆らったと訴えられました。しかし、実際はユダヤ人こそが神殿について誤った理解を持ち、また、歴史を通してモーセの律法に逆らって来ました。ステパノは、「先祖たちは、メシアの到来を告げた預言者を殺したが、あなたがたは、ついに来られたメシア自身を殺害した」と言ってユダヤ人の罪を責めました。

---

[a] モレク：レビ記などに登場する異教の神（レビ 18:21）。
[b] ライパン：アモ 5:26 のキユン〔ケワン〕の神を指すと思われるが、詳細は不明。
[c] 正しい方：来るべきメシアを指す。

考えよう ··

　ステパノは聖書全体の流れを理解していました。イエスと神の国を正しく理解するためにも、また、人々に説明するためにも、聖書全体、特に旧約聖書の流れを学ぶことは大切です。忙しい日々の中で、どのように学んでいくことができるでしょうか。

祈り ··

　父なる神よ、聖書を読み、理解することに困難を覚えることがあります。どうか、知恵と意志力、また具体的な助けをお与えください。

C ステパノの殉教　7:54-60

　神殿とモーセの律法に逆らったと訴えられたステパノは、旧約聖書の歴史をとうとうと述べ、あなたがたこそが、神殿について誤った理解を持ち、モーセの律法に逆らい、メシアを殺害したと語ってユダヤ人の罪を責めました。

1　人々はステパノのことばを聞いて激しく怒りました。一方ステパノはどのような様子ですか (7:54-56)。人の子[a]、神の右[b]

2　人々はどのような行動に走りましたか (7:57-58)。なぜですか。

3　ステパノはどう祈りましたか (7:59-60)。

4　死を目前にしたステパノの祈りは、十字架上のイエスの祈りと似ています (ルカ 23:33-34)。その理由を考えてみましょう。

D エルサレム教会への迫害　8:1-3

1　ステパノの出来事はどのようなことを引き起こしましたか (8:1)。
　　　2

2　イエスの昇天直前のことば (1:8) と 8:1 はどのような関係があると思いますか。

3　サウロ (後のパウロ) は、タルソ出身[27]のユダヤ人でパリサイ派の厳格な教育を受けて育った人です[28]。サウロはどのように考え、何をしましたか (7:58、8:1、3)。p.41 コラム「パリサイ派」参照。

---

[a] 人の子：ダニエル 7:13-14 から、全世界を支配することになるメシアを指すようになった。マコ 13:24-27 参照。

[b] 神の右：p.7 脚注参照。

まとめ ・・・・・・・・・・・・・・・・・・・・・・・・・・・・・・・・

　最初の殉教者と言われるステパノは、人々の間で神の力ある愛の
わざを行い、聖書に通じ、恐れることなく真理を語りました。そして、
神とイエスを見上げ、迫害する者のために祈りつつ死んでいきました。
そのようなステパノの信仰と行いは聖霊によるものでした。

　ステパノの殉教を契機に始まった激しい迫害によって、神のことばは
ユダヤとサマリアの諸地方に拡大し、イエスが語られたことが成就し
ていきます。

考えよう ・・・・・・・・・・・・・・・・・・・・・・・・・・・・・・

1. 現代も、主に従うゆえに迫害を受けている人々がいます。私たち
   はその人々のために何ができるでしょうか。
2. 第二次世界大戦中、日本でも教会は宗教的な圧迫を受けました。
   今後、迫害が起こる可能性がないとは言えません。私たちは歴
   史から何を学ぶことができるでしょう。

祈り ・・・・・・・・・・・・・・・・・・・・・・・・・・・・・・・・・・

　愛の神よ、私たちがステパノのように愛をもって人々に仕え、臆する
ことなく真理を語り、迫害する者のために祈れるように聖霊によって
助けてください。

7課　ピリポ〔フィリポ〕の働き　8:4-40

　ステパノの殉教を契機に、エルサレム教会に対する激しい迫害が始まりました。そのために、使徒たち以外の者はユダヤとサマリア[a]の諸地方に散らされていきます。しかし、それは新たな宣教の機会となりました。まずピリポの働きを見ていきましょう。

A　サマリアでの働き　8:4-25

(1) ピリポ、サマリアへ　8:4-8

1　迫害によってエルサレムを追われた弟子たちは何をしましたか(8:4)。

2　ピリポはサマリアの町で何をしましたか（8:5-7）。 2
　注）ピリポはステパノと共に配給の係に選ばれた人です[29]。

3　ユダヤ人と対立し、交流のなかったサマリアにピリポが向かったのはなぜだと思いますか。

4　人々の反応はどのようなものでしたか（8:8）。

(2) 魔術師シモンとペテロ　8:9-25

1　シモンはどのような人ですか。サマリアの人々はこの人のことをどう思っていましたか（8:9-11）。

2　ピリポは何を宣べ伝えましたか（8:12）。

---

[a] サマリア：ユダヤとガリラヤの間の地域。イスラエルの人々が捕囚となっている間に外国人が移住させられた。その人々は、ゲリジム山を聖地とし、モーセ五書を信じていたが、民族的、宗教的な違いからユダヤ人と対立し、交流がなかった（ヨハネ 4:9、20）。現在でも少数のサマリア人がパレスチナにいる。

3　サマリアの人々とシモンはどうしましたか（8:12-13）。

4　サマリア人の回心について聞いたエルサレムの使徒たちは何をしましたか（8:14）。 📖 2

5　その結果、何が起こりましたか（8:15-17）。

6　シモンは何を願いましたか（8:18-19）。

7　ペテロは何と答えましたか（8:20-23）。

8　シモンはどうしましたか（8:24）。

9　ペテロとヨハネは何をしましたか（8:25）。

📖 **まとめ** ･･････････････････････････････････････

　エルサレム教会への迫害の結果、ユダヤ人クリスチャンは、ユダヤとサマリアの諸地方に散らされていきました。ピリポはその一例です。サマリアの人々はユダヤ人と対立し、交流がなかったのですが、ピリポはそこで神の力ある愛のわざを行い、イエスと神の国の福音を伝えていきます。その結果、人々はバプテスマを受け、聖霊を受けました。しかし、中には、シモンのように古い生き方を捨てることができない人もいました。

👤 **考えよう** ･･････････････････････････････････

　今、あなたと対立し、あるいは、交流しない人々がいますか。その人々に具体的な愛を示し、福音を伝えるために、私たち自身はどのように変えられなければならないでしょうか。

祈り ••

父なる神よ、あなたを賛美します。あなたは迫害さえも用いて愛の
ご支配を広げてくださいます。私たちもピリポのように、対立している
人々にも仕えたいと願っています。聖霊によって私たちを変えてください。

======= コラム =======

「パリサイ派」

　紀元前586年、南ユダ王国は新バビロニア帝国によって滅びました。
捕囚となってバビロンに連れて行かれた人々は、70年後にペルシアの王
キュロスによって解放されてユダヤに戻ります。そのユダヤ人は、自分たち
が捕囚という懲らしめを受けたのは、神の律法を守らなかったためである
と考え、律法厳守を掲げます。彼らの一部は、律法を守るためには、
命を捨て、武器を持って戦うことさえいといませんでした。その伝統を
引き継いだのがパリサイ派です。パリサイ人は、ユダヤ人が律法を堅く
守ることによって、神が赦しを与え、イスラエルを再興してくださると
信じていました。律法に逆らっているように見えた弟子たちは（6:13
参照）、パリサイ派にとって、イスラエルの再興を妨げる者であり、ユダヤ
人の中から排除しなければならない存在でした。

B エチオピア人の高官を導く　8:26-40

　ピリポはユダヤ人と対立していたサマリア人の町で、神の国とイエスについて宣べ伝えました。人々は信じてバプテスマを受けました。

1　その後、主の使いはピリポに何を命じましたか (8:26)。📖 2

2　そこに誰がいましたか。その人は何をしていましたか (8:27-28)。
　　宦官[a]

3　このエチオピア人は、恐らく母国にいるユダヤ人を通して、まことの神を信じるようになったと考えられます。遠方からエルサレムに礼拝のために上ったこと、また、高価な聖書を手にして読んでいること、またその職業などから、この人物についてどのようなことが分かるでしょうか。

　　注）当時、聖書は非常に高価で、一部の裕福な人しか所有することができませんでした。ユダヤ人は、主に会堂で聖書の朗読を聴き、学んでいました。

4　ピリポはこの高官とどのようなやり取りをして、イエスのことを伝えましたか (8:29-35)。

　　注）引用はイザヤ書 53:7-8 で、メシアの受難を指し示した箇所です。

5　高官の発言 (8:31、34) から、彼は聖書に対してどのような思いを持っていたと考えられますか。

6　ピリポの話を聞いた高官の心に、どのような変化がありましたか (8:36-38)。

7　高官はバプテスマを受けた後、どうしましたか (8:39)。

---

[a] 宦官：一般的に、去勢を施された官吏を指し、主として後宮で仕えた。世襲に関わる問題がないため、王国の高級官僚となる者が多かったが、その肉体的な特徴のため、差別されることもあった。ユダヤ人社会では、祭司になれないばかりか、会衆に加わることもできなかった（レビ 21:17-21、申 23:2）。

8 ピリポは、その後どうしましたか（8:39-40）。📖 2

┌───┐

📖 まとめ ••••••••••••••••••••••••••••••••••••••

　ピリポはガザに下る道に遣わされ、エチオピアの高官と出会います。彼は異邦人でしたが、まことの神を礼拝し、聖書を愛し、真理と救いを求めていた人と思われます。ピリポはこの高官に、イザヤ書53章から始めてイエスのことを伝え、主に導きます。彼はアフリカの人で、使徒たちによる宣教が開始されてから、初めての異邦人の回心者となりました。律法によればユダヤ人には加われない宦官が、イエスへの信仰によって新しい神の民に加えられたのです。ピリポはその後、アゾトから沿岸の町々で福音を伝えながら北上してカイサリアに行きました。

└───┘

👤 考えよう ••••••••••••••••••••••••••••••••••••••

1. エチオピアの高官のように、真理を求めているときに聖書のことばで救いを見出した経験があったら、分かち合いましょう。

2. 日本にはキリスト教に好感を持っている人が多く、聖書を読んでいる人も少なくありません。真理と救いを求める人と出会ったとき、私たちは何ができるでしょう。そのために、どのような準備をしたらよいでしょう。

🙏 祈り ••••••••••••••••••••••••••••••••••••••

　神よ、あなたは真理を求めていた私たちに、聖書のことばを通して救いの道を示してくださったことを感謝します。私たちも、聖書に興味を持ち救いを求めている方々の助けになりたいと思います。どうぞ、聖霊によって私たちを整えてください。

8課 サウロの回心と働き 9:1-30

　サウロは、ステパノを殺すことに賛成し、エルサレム教会を迫害した人でした（8:1）。この章では、そのサウロに焦点があてられます。彼に何が起こるのでしょうか。

A　サウロの回心　9:1-19

1 パリサイ派の一人であったサウロは、どのような思いで大祭司のところに行きましたか。それは何を目的としていましたか（9:1-2）。
　　2　p.41 コラム 「パリサイ派」 参照。

2 サウロに何が起きましたか （9:3-4）。

3 サウロは、語りかける声にむかって何と尋ねましたか。どのような答えがありましたか （9:5-6）。

4 サウロの身に何が起こりましたか （9:7-9）。クリスチャンを迫害していたサウロは、その最中に、イエスと出会いました。サウロの気持ちを想像してみましょう。

5 アナニアはどのような人ですか。主がアナニアに命じたことは何ですか （9:10-12）。

6 主の命令にアナニアはどのように応えましたか （9:13-14）。

7 主はアナニアに何と告げましたか（9:15-16）。アナニアはどのような気持ちでサウロを訪ねたと思いますか。

8 その後、何が起こりましたか （9:17-19）。

B サウロの働き 9:19-25

1 サウロはダマスコの会堂で何をしましたか（9:19-20）。神の子[a]

2 ダマスコのユダヤ人はどのように反応しましたか（9:21）。

3 サウロはユダヤ人たちに何を証明しましたか（9:22）。

4 サウロがダマスコから脱出したのはなぜですか（9:23-25）。

C サウロ、エルサレムへ 9:26-30

1 エルサレムに戻ったサウロは、弟子たちの仲間に入ろうとしましたが、できませんでした（9:26）。この時の弟子たちの気持ちを想像してみましょう。

2 サウロはどのようにして仲間に入ることができたのですか（9:27-28）。

3 サウロはなぜエルサレムを離れなければならなかったのですか（9:29-30）。📖 2

まとめ ･････････････････････････････････

　サウロは、神への熱心さのゆえに、クリスチャンを迫害するほどでした。しかし、復活したイエスと出会って回心すると、同様の熱心さで、イエスが神の子メシアであることを宣べ伝え始めます。ダマスコでは、サウロの回心のためにアナニアが用いられ、エルサレムではバルナバが、サウロと警戒する弟子たちの間に立って橋渡しをしました。

---

[a] 神の子：神と「父と子」という特別な関係にある存在で、イスラエルの王、また、世界を治める王を指した。やがて、そのことばは「メシア」（キリスト）を指して使われるようになった。

考えよう ·······································

1. 信仰を持つことが困難に見える人がいるかもしれません。サウロの
  回心を通して教えられることはありますか。

2. 後に豊かに用いられるサウロも、弟子たちの仲間に加わるときに助け
  が必要でした。あなたが教会に加わるときに助けられた経験があり
  ますか。あるいは、助ける側に立った経験がありますか。

祈り ··

主よ、あなたは教会を迫害していたサウロを選び、ご自身を現して
回心に導き、後に異邦人宣教の器として用いられました。人の思いを
越えて、救いのみ業を進められるあなたの御名をあがめます。

9課 ユダヤからサマリアまでの教会の広がり　9:31

エルサレムで始まった主の教会は、ステパノ、ピリポ、サウロ、そして他の多くの弟子たち（8:4）の働きによって前進してきました。

1 彼らの働きの結果、教会はどの地域に広がりましたか（9:31）。それは主イエスのことば（1:8）とどのように関係しているでしょうか。📖2

2 これらの地域で信者の数が増えていったのはなぜですか。

📖 **まとめ** ･･

　弟子たちはイエスの名（権威と力）で病人を癒やし、悪霊を追い出しました。イエスの復活を目撃したことを証しし、聖書をもとにイエスがメシア（キリスト）であると論証し、地上に神のご支配（神の国）が始まったことを宣べ伝えて、ユダヤ人たちに悔い改めを迫りました。そのような働きは、ユダヤ地方から始まり、ガリラヤ、サマリアの全地に及び、そこに教会が築き上げられ、信者の数が増えていきました。彼らの働きは、主イエスが聖霊によってなさったものでした。

🙏 **祈り** ･･

　主よ、あなたは多くのユダヤ人を回心に導き、みことばのとおり、ユダヤ、ガリラヤ、サマリアの全地にわたり教会を築き上げてくださいました。あなたの御名を賛美します。同じ主が、今、この地域に置かれている私たちと教会を聖霊によって励まし、前進させてください。

10課 ペテロの働き　9:32-10:48

　エルサレム教会の中心的な指導者であったペテロは、エルサレムにとどまっていたのではありません。サマリアに派遣され（8:14）、その帰路にはサマリアの多くの村で福音を宣べ伝えました（8:25）。そのようにして、各地で宣教し、また、弟子たちの群を巡回していきました（9:32）。

A　アイネアとタビタの癒やし　9:32-43

(1) アイネア　9:32-35

1　ペテロはどこを訪ねましたか（9:32）。聖徒[a] 🔖 2

2　アイネアは8年もの間、どのような思いで床についていたと思いますか（9:33）。

3　ペテロはどのように癒やしましたか（9:34）。

4　リダとシャロン地方の住人はどうしましたか（9:35）。

(2) タビタ（ドルカス）　9:36-43

1　タビタはどのような人でしたか（9:36）。🔖 2

2　タビタはどのような良いわざをしていたのですか（9:39）。

3　タビタはなぜ、このような良いわざをしていたのでしょう。p.32、質問1の注を参照。

---

[a] 聖徒：神に選ばれ、神のために取り分けられた者の意味。リダやヤッファに弟子がいるのは、ピリポがアゾトからカイサリアに行く途中で行った宣教（8:40）の結果という可能性もある。

4 弟子たちはなぜペテロを呼んだのですか（9:37-38）。5:12-16 参照。

5 ペテロは何をしましたか（9:40-41）。

6 その結果、どのようなことが起きましたか（9:42-43）。

7 ペテロは誰のところに滞在しましたか（9:43）。

　注）皮なめし職人は、血に触れるため、汚れていると見なされていた可能性があります。

📖 **まとめ** ･････････････････････････････････

　この二つの出来事は、次に記されているコルネリウスの回心という大きな出来事の単なる背景ではありません。この箇所では、ペテロのような大使徒や、ピリポのような巡回伝道者ではなく、小さな町の一人の病人と、港町にいた一人のクリスチャン女性に焦点があてられています。地元にとどまり、ごく当たり前の日常生活を誠実に営む人々が、昔も今も弟子たちの大部分を占めています。そして、そのような一人ひとりに、主は愛の目を注ぎ、彼らを通してご自身の栄光を現されます。

 考えよう ････････････････････････････････

　貧しい人のための小さな奉仕が主に喜ばれ、神の栄光を現すことになりました。周りの人たちのために、私たちにできることがありますか。

✋ **祈り** ･･････････････････････････････････････

　父なる神よ、あなたは、私たちに限りない愛を注いでくださっています。病気であっても、小さなことしかできなくても、あなたは私たちを愛し、喜んでくださっていることを感謝いたします。また、私たちが、与えられた良いものをもって人々に仕えていくことができるように助けてください。そして、あなたのご栄光が現されますように。

B 異邦人コルネリウスの回心　10:1-11:18

　ヤッファでタビタをよみがえらせた後、ペテロはしばらくそこに滞在していました。

(1) コルネリウス、ペテロを招く　10:1-33

1 コルネリウスはどのような人でしたか (10:1-2)。🗺 2 <u>カイサリア</u>[a]、p.82 コラム「神を敬う異邦人」参照。

2 御使いはコルネリウスにどのようなことを告げましたか (10:3-6)。

3 コルネリウスはどうしましたか（10:7-8）。

4 一方ペテロはどのような体験をしていましたか (10:9-16)。<u>汚れた物</u>[b]

(2) ペテロの説教　10:34-48

　ペテロはコルネリウスの使いを迎え入れて、ヤッファの兄弟たちと共にカイサリアに向かいました（10:17-26）。招かれた理由を尋ねるペテロに、コルネリウスは今までの経緯を伝えます（10:27-33）。

1 誰が神に受け入れられるのですか (10:34-35) [30]。

2 神は何をなさいましたか(10:36)。<u>平和</u>[c]、<u>イスラエルの子らにみことばを送る</u>[d]

---

[a] カイサリア：パレスチナ沿岸の国際的な湾岸都市として栄えていた。ユダヤ州のローマ総督官邸とローマ軍の駐屯地があった。

[b] 汚れた物：律法によって禁じられた食べ物で、ユダヤ人と異邦人を分けるしるしとなっていた（レビ 11 章、レビ 20:25）。

[c] 平和：神と人(ロマ 5:1)、人と人（ロマ 12:18）、神と被造世界を含む（コロ 1:20）包括的な平和。

[d] イスラエルの子らにみことばを送る：神がイエスを遣わし、まずユダヤ人に福音を語ったこと（マタ 15:24）。

3 コルネリウスたちがよく知っていることとは、どのようなことですか（10:37-38）。

4 ペテロたちは何の証人だと言っていますか（10:39）。

5 イエスに何が起こりましたか（10:39-41）。

6 イエスは使徒たちに何を命じましたか（10:42）[31]。

7 全ての人が裁きの座に立たされます。誰が、どのように罪の赦しを受けられるのですか（10:43）。

8 ペテロの話を聞いていた人々に、どのようなことが起こりましたか（10:44-46）。異言[a]

9 ペテロは何を指示しましたか（10:47-48）。

(3) エルサレムでの報告　11:1-18

異邦人であるコルネリウスたちが神のことばを受け入れたことは、ほとんどがユダヤ人であった初期の教会にとって衝撃的な出来事でした。

1 エルサレムのユダヤ人クリスチャンがペテロを非難したのはなぜですか（11:1-3）。
注）異邦人は律法に禁じられた「汚れた物」を食べていました。

2 ペテロはこれまでの経緯を述べます（11:4-15）。ペテロはどのようなみことばを思い起こし、何を訴えていますか（11:16-17）。

3 ユダヤ人クリスチャンはどう応答しましたか（11:18）。なぜ沈黙したのでしょう。

---

[a] 異言：聖霊によって他国のことば（2:4）、あるいは、人に理解できないことばで話すこと。

51

4　割礼を受け、律法の諸規定を守ることこそが、神の民のしるしであると深く信じていた人々にとって、ペテロの報告がどれほど衝撃的であったか、想像してみましょう。

📖 **まとめ** ・・・・・・・・・・・・・・・・・・・・・・・・・・・・・・・・

　律法に記された食物規定、割礼、祝祭日の定めなどは、ユダヤ人と異邦人を区別するしるしであり、両者を隔てる壁でした。しかし、今や、異邦人は、律法の諸規定を守らなくても、イエスをメシアと信じる信仰によって神の民とされるのです。この出来事は、後の異邦人の回心と、異邦人が中心となる教会を設立する準備となりました。

👤 **考えよう** ・・・・・・・・・・・・・・・・・・・・・・・・・・・・・・・・

　本来、クリスチャンであることのしるしは、イエスをキリストと信じる信仰だけのはずです。この信仰以外に、私たちにとってしるしとなっているものがあるでしょうか。

✋ **祈り** ・・・・・・・・・・・・・・・・・・・・・・・・・・・・・・・・・

　主よ、あなたはすべての人の主です。私たちも、ただ信仰によって神の民とされたことを感謝します。この信仰以外にクリスチャンであることのしるしや支えを求めることがないように助けてください。

11課 アンティオキア教会 11:19-30

　ステパノのことから始まった迫害によって、エルサレム教会のクリスチャンはユダヤ、サマリア地方に散らされ、ある人々はさらに遠い地方にまで福音を携えていくことになります。

1　エルサレムから散らされたユダヤ人クリスチャンは、どこへ行きましたか (11:19)。どうして彼らはユダヤ人以外の人にみことばを語らなかったのでしょう。p.23 の「まとめ」参照。<u>アンティオキア</u>[a]　🗺 3

2　アンティオキアまで来た、キプロスと<u>クレネ</u>[b]出身のユダヤ人は何をしましたか (11:20)。🗺 3

3　その結果、どのようなことが起こりましたか (11:21)。

4　エルサレム教会はどう応答しましたか (11:22)。

5　バルナバはどのような人ですか。何をしましたか (11:23-26)。<u>サウロ</u>[c]

6　誰がどのような預言をし、何が起こりましたか (11:27-28)。<u>クラウディウス</u>[d]

---

[a] アンティオキア：西シリアのオロンテス川沿いにあったローマ属州シリアの州都。ローマとアレクサンドリアにつぐ、帝国第三の大都市で国際都市であった。

[b] クレネ：キュレネ。北アフリカ、現リビア内にあった植民都市。

[c] サウロ：復活したイエスと出会って回心したサウロは、故郷タルソに帰っていた (9:11、30)。サウロは、旧約聖書の豊富な知識を持ち、雄弁で、ローマ市民権を持ち、ギリシア語も堪能だった。バルナバは、そのようなサウロが国際都市の異邦人教会に必要であると判断したのだと思われる。

[d] クラウディウス：第四代ローマ皇帝 (在位 41-54 年)。

7 アンティオキア教会はどのような行動をしましたか (11:29-30)。

📖 **まとめ** ....

　弟子たちはアンティオキア、すなわち、ユダヤとサマリアを越えた地域に足を踏み入れることになりました。それは、国際的な大都市でした。彼らは、ギリシア人にもみことばを語り始め、教会に多くの異邦人が加わりました。これは、地理的にも、また、宣教の対象という点でも、新しい時代の到来を示す出来事でした。つまり、悔い改めたユダヤ人が、ついに異邦人を祝福し[32]、国々の光[33]となり始めたのです。

　多くの異邦人が加わって設立されたばかりのアンティオキア教会は、ユダヤの諸教会に救援物資を送りました。このことは、分かち合う交わりが一地方教会や民族の壁を越えて広がっていったことを表しています。

 考えよう ....

1. 悔い改めたユダヤ人が、国々の光となりました。その務めは、今、私たちに委ねられています。私たちが置かれている場で、どのように光となれるか考えましょう。

2. 困難な状況にある教会のために、グループでできることはありますか。

🖐 **祈り** ....

　神よ、あなたはアブラハムに約束したとおり、悔い改めたユダヤ人を通して、異邦人に祝福をもたらしてくださいました。その異邦人教会が、地域や人種の壁を越えて、主にある交わりの豊かさと一致を表していったことを感謝します。私たちもそのような歩みができるように聖霊によって力づけてください。

12課 ペテロとヘロデ王 12:1-24

アンティオキア教会には、優れた指導者が与えられ、多くの異邦人が加わってきました。その教会は短い期間に成長し、ユダヤ地方の教会のために救援物資を送るほどになります。

一方、エルサレムではユダヤ人による迫害が続いていました。

A ヤコブの死とペテロの逮捕 12:1-5

1 ヘロデ王[a]は何をしましたか（12:1-3）。ヨハネの兄弟ヤコブ[b]、種なしパンの祭り〔除酵祭〕[c]

2 誕生して間もない教会は、中心的な指導者である使徒ヤコブの死をどのように受け止めたと思いますか。

3 ペテロはどうなりましたか（12:4-5）。過越の祭り[d]

4 エルサレム教会はペテロのために何をしましたか（12:5）。どのような祈りをささげていたと思いますか。

---

[a] ヘロデ王：ヘロデ・アグリッパー世。ヘロデ大王の孫。ユダヤは長くローマ総督が治めていたが（6-66年）、ヘロデ王が一時的にユダヤとサマリアを治めることとなった（在位41-44年）。

[b] ヨハネの兄弟ヤコブ：ゼベダイの子。使徒の中でも重要な人物で、ペテロとヨハネと共にイエスの変貌を目撃した一人。

[c] 種なしパンの祭り：イスラエル人をエジプトから脱出させてくださった主の働きを記念する祭り。種なしパンを準備してエジプトを出たことに由来し、3月から4月頃に8日間続く。

[d] 過越の祭り：主がエジプトに対して裁きを下したとき、イスラエル人がそれを免れたことに由来する祭り。種なしパンの祝いの初日に祝われる。

B ペテロの救出　12:6-19

1　ペテロに何が起こりましたか（12:6-10）。

2　幻を見ているのだと思ったペテロは何を理解しましたか（12:11）。

3　ペテロが家の戸をたたいたとき、ロデはどのように反応しましたか（12:12-14）。

4　人々はどのような反応をしましたか（12:15-16）。

5　人々は自分たちの祈り（12:5、12）に主が答えたことに驚きました（12:16）。このことをどう思いますか。

6　ペテロは何をしましたか（12:17）。

7　ヘロデは何をしましたか（12:18-19）。

C ヘロデの死　12:20-24

1　ツロとシドンの人々は、なぜヘロデを訪ねたのですか（12:20）。

2　ヘロデの演説に彼らは何と叫びましたか（12:21-22）。

3　ヘロデにどのようなことが起こりましたか。それはなぜですか（12:23）。

4　神のみことばはどうなりましたか（12:24）。

まとめ ・・・

　ヤコブとペテロは、二人とも教会の中心的な指導者でした。しかし、ヤコブは殺され、ペテロは御使いによって助けられました。矛盾や不条理と見えるこのようなことが聖書の中に記され、現実のクリスチャンの生活の中にも見られます。その疑問に対する簡単な答えはありません。ただ、最終的に主のみことばが、ますます盛んになり広まったことに、著者であるルカは目を向けています（12:24）。

考えよう ・・・

　正しい信仰者が苦しむという現実を、どう考えたらよいでしょうか。

祈り ・・・

　主よ、不条理な現実の中でも、あなたに従っていけるように、弱い私たちをお支えください。

13課 パウロの第一回宣教旅行 12:25-14:28

　帝国第三の国際都市にあり、多くの異邦人が加わっていたアンティオキア教会は、ローマ帝国東部の宣教の拠点教会として用いられていくことになります。🗺 1

A　アンティオキア教会による派遣　12:25-13:3

1　バルナバとサウロが果たした任務は何でしたか（12:25）。11:27-30 参照。

2　誰が何をしているときに、聖霊が語ったのですか（13:1-2）。

3　聖霊は何と言いましたか（13:2）。聖別[a]

4　バルナバとサウロは、アンティオキア教会にとってどのような存在でしたか（11:22-26）。p.53 脚注「サウロ」参照。

5　教会の指導者は何をしましたか（13:3）。手を置く[b]

B　キプロスでの働き　13:4-12

1　キプロス島[c]に渡った二人は何をしましたか（13:4-6）。🗺 3

2　パポス〔パフォス〕で誰と会いましたか（13:6）。

3　総督はどのような人でしたか。何を願っていましたか（13:7）。セルギウス・パウルス[d]

---

[a] 聖別：神ご自身のものとして選ぶこと。

[b] 手を置く：聖霊の導きのもと、力と賜物を分け与えて任命すること。

[c] キプロス島：バルナバの故郷だった（4:36）。

4 バルイエス（あるいはエリマ）は何をしましたか（13:8）。

5 総督が信仰に入ったのはなぜですか（13:9-12）。<u>別名パウロ</u>[e]

 まとめ ・・

　宣教師として選ばれたのは、アンティオキア教会を築いてきた最も優れた教師でした。歴史の浅い教会が、自分の教会に必要と思われる人材を派遣した結果、地中海東部全域に福音を満たしていくことになります。

　キプロス島に渡った二人は、魔術師エリマの反対にあいましたが、それを主の力によって退け、その結果、地方総督が信仰に入りました。宣教が進むとき、しばしば反対する力が働くことは、「使徒の働き」を通して見られるものです。

考えよう ・・・

1. 宣教が前進すると、妨げに直面する場合があります。そのような経験がありますか。主はどのような解決を与えてくださいましたか。

2. あなたの教会や教派から送り出された宣教師がいますか。その人たちはどのような闘いを経験しているでしょう。

祈り ・・・

　宣教の主よ、私たちの目を外に向け、御心ならば、宣教師を送り出して支える教会へと変えてください。反対や誘惑に直面している宣教師を守り、力を与えてください。

---

[d] セルギウス・パウルス：詳細は不明。

[e] 別名パウロ：ここで「サウロ」（ヘブル語名）の名が、ギリシア風の名である「パウロ」に変わる。「パウロ」はすでに持っていた別名かもしれないが、異邦人への宣教には適していた。

C ピシディアのアンティオキアでの働き（1） 13:13-43

　キプロス島での短期間の働きの後、パウロとバルナバ、ヨハネ・マルコ（13:5参照）の三人は、パポスから船出して、現在のトルコ西部にあたる小アジアに上陸しガラテヤ州に向かいました（13:13-14）。📖 3

1 ピシディアのアンティオキア^aに着いた二人は何をしましたか（13:14-15）。

2 奨励を依頼されたパウロは、ユダヤ人の歴史をエジプト移住からダビデまで要約しました。そのダビデの子孫から救い主を送ると神は約束していて、それがイエスであるとパウロは語ります。そして救い主の到来に人々を備えさせたバプテスマのヨハネについて語りました（13:16-25）。

　救いのことばは誰に送られましたか（13:26）。アブラハムの子孫^b、神を恐れる方々^c。救い主に関してはp.62コラム「救い、救い主」参照。

3 エルサレムの住人と指導者はイエスに何をしましたか（13:27-29）。

4 その出来事は旧約聖書とどのような関係にありますか（13:27、29）。

5 次にパウロは、神がイエスをよみがえらせたと述べます（13:30）。その証拠は何ですか（13:31）。

6 パウロが宣べ伝えているのは何ですか（13:32）。それは誰が誰に約束したものですか。

　注）神の約束とは、ダビデの子孫から救い主（メシア）を送るというものです（13:23）。

---

^a ピシディアのアンティオキア：ガラテヤ州南部にあるローマの植民都市。その当時は、帝国の政治と軍事に関わる人物を輩出していた。

^b アブラハムの子孫：ここでは会堂に来ているユダヤ人を指す。

^c 神を恐れる方々：異邦人で、イスラエルの神を礼拝しながらも、改宗していない人々。

7 その約束はどのように成就したと言っていますか（13:33）。

> 注）・異教徒であるローマ人の手によって殺されてしまうような者は、メシアではあり得ないと、ユダヤ人は考えていました。しかし、イエスが復活したことによって、イエスが神の子メシアであることが公に示され、約束が成就しました[34]。

> 注）・詩篇2篇はメシア詩篇です。世の終わりに、「わたしの子」（神の子）であるメシアが世界を支配するという約束が記されています。当時のユダヤ人ならば、その一部を聞いただけでそのことを思い出すことができました。この詩篇は、イエスが復活したことにより成就しました。

8 「ダビデへの…約束」（13:34）とは、神がダビデの子孫から、王であるメシアを送るという約束です[35]。その約束はどのように成就しましたか（13:34）。

9 13:35-37[36]によると、ダビデとイエスの違いは何ですか。

> 注）「敬虔な者」とは、ここではイエスを指しています。

10 パウロは結論として何を語っていますか（13:38-39）[37]。

> 注）ユダヤ人は、神の民でありながら神に背を向けて歩んできました。本来の神の民として回復されるには、まず、罪の赦しが必要でした[38]。

11 パウロは預言者ハバククのことば（ハバ1:5）を引用して、ユダヤ人にどのように警告をしていますか（13:40-41）。

> 注）紀元前7世紀末、イスラエル内の不正に対し、神は新バビロニア帝国を用いて裁きを行うとハバククを通して語りました。人々はそれを信じないで、悔い改めなかった結果、そのとおりになりました。

12 パウロの説教を聞いた人々はどのような反応をしましたか（13:42）。

13 パウロは、ユダヤ人と神を敬う改宗者[a]に何と勧めましたか（13:43）。

---

[a] 神を敬う改宗者：元異教徒で、ユダヤ教に改宗した者。

まとめ ･････････････････････････････････

　パウロとバルナバは、ピシディアのアンティオキアでもユダヤ人の
会堂に行き、「ダビデの子孫から救い主を送るという神の約束は、イエス
の復活によって成就した」と述べました。その良い知らせ（福音）が、
まずユダヤ人に伝えられ、ユダヤ人が悔い改め、罪が赦され、義と認め
られて、本来の神の民となる、というのが神のご計画でした。

祈り ･･････････････････････････････････

　父なる神よ、あなたはイエスを復活させて、イエスがメシアであること
を示されました。そして多くのユダヤ人がイエスをメシアと信じて真の
イスラエルとなり、異邦人を照らす光となったことを感謝します。旧約
聖書の約束を成し遂げてくださるあなたを賛美します。

＝＝＝　コラム　＝＝＝

「救い、救い主」

　ローマ皇帝は、異民族の攻撃や飢饉などから帝国と国民の生活を守る
「救い主」と呼ばれ、崇められていました。聖書で使われる「救い」という
ことばも、個人の罪の赦しだけを意味するのではありません。病いや悪
霊、また、死と滅びからの救い、そして、世界の苦境や抑圧などからの
救いも指す広い意味合いを持つことばです。
　イエスはその救いのわざを2000年前に始め、今も継続しておられます。
その救いが完成するのは、イエスが再び地上に来て、万物を改めてくだ
さる時です。初代教会のクリスチャンは、イエスのみを救い主とし、皇帝を
救い主として礼拝することを拒んだため迫害を受けました。当時も今も、
私たちにとって誰が「救い主」なのか、ということが問われています。

D ピシディアのアンティオキアでの働き（II） 13:44-52

ピシディアのアンティオキアの会堂でパウロが語ったことにより、多くの
ユダヤ人と神を敬う改宗者たちが回心しただけでなく、翌週には町中の人が
主のことばを聞くために集まりました。しかし、そのことで妬みに燃えた
ユダヤ人は、パウロたちをののしりました（13:44-45）。

1 パウロたちは、自分たちをののしったユダヤ人に対してどのように
宣言しましたか（13:44-47）。<u>永遠のいのち</u>[a]

注）一部のユダヤ人はみことばを拒みました。しかし、パウロとバルナバ
自身もユダヤ人であり、ユダヤ人として異邦人宣教に向かいました。
イスラエルが異邦人の光となり、地の果てまで救いをもたらすという
のは、神のご計画であり[39]、それが変更されたわけではないことに
注意しましょう。

2 異邦人たちはどのように応答しましたか（13:48）。

3 ピシディアのアンティオキアでの出来事は、どのような結果を生み
出しましたか（13:49-52）。

E イコニオンでの働き 14:1-7

1 イコニオンに行った二人はどこで話しましたか。その結果、どの
ようなことが起きましたか（14:1-2）。 3

2 パウロとバルナバはどうしましたか（14:3）。主はどのように働か
れましたか。

3 パウロたちの宣教は、町にどのようなことをもたらしましたか（14:4）。

---

[a] 永遠のいのち：イエスにより、信じた時から与えられ、イエスが再び来られて万物
が改まる時には、地上に肉体をもってよみがえるいのちである（ヨハ6:40）。
その後、信じた者は、イエスと共に永遠に地を治めることになる。詳しくは、
手引「救いの基礎」参照。

4　パウロたちはどうしましたか（14:5-7）。 3

👤 考えよう ・・・・・・・・・・・・・・・・・・・・・・・・・・・・・・・・・・

　使徒たちが行く所、どこでも、回心する者と反対する者がいました。
私たちの場合はどうでしょうか。それはなぜだと思いますか。

🙌 祈り ・・・・・・・・・・・・・・・・・・・・・・・・・・・・・・・・・・・・・・

　宣教の主よ、私たちが反対を恐れることなく、弟子たちのように喜び
と聖霊に満たされ、主によって大胆に語ることができるよう助けてくだ
さい。また、しるしと不思議によってみことばを証ししてください。

F リステラ (リストラ) での働き 14:8-20

　パウロたちはイコニオンに長く滞在して大胆に語りました。主は二人に奇跡を行わせて、みことばの確かさを証明されました。しかし、ユダヤ人の反対により、二人はイコニオンを出て、リカオニア州のリステラとデルベに移り、その周辺地域での福音宣教を継続しました。🗺 3

1　リステラでは、異教の地ならではの問題が起こります。そのきっかけとなった出来事は何ですか (14:8-10)。

2　群衆は何と言いましたか。神殿の祭司は何をしようとしましたか (14:11-13)。ゼウス、ヘルメス[a]

3　使徒たちは群衆に叫びました。自分たちを何者だと言っていますか (14:14-15)。

4　使徒たちの伝えていた神はどのようなお方ですか (14:15)。

5　過ぎ去った時代、神はどのようにご自身を証ししましたか (14:16-18)。

6　パウロたちがリステラでギリシア人に語った内容 (14:15-17) と、ピシディアのアンティオキアでユダヤ人に語った内容 (13:23、30、33) を比べてみましょう。どのように違いますか。なぜだと思いますか。

7　パウロの身にどのようなことが起きましたか (14:19-20)。

---

[a] ゼウス：ギリシア神話の主神。宇宙を支配する神、神々と人類の父とされていた。
　ヘルメス：ゼウスの使いである青年神。

G　デルベでの働きとアンティオキアへの帰還　14:20-28

1　リステラを出たパウロとバルナバは、どこで、どのようなことを
しましたか（14:20-22）。

2　パウロたちはなぜ、弟子たちの心を強めようとしたのだと思いま
すか。イコニオンとリステラでの出来事から考えてみましょう。

3　パウロは何と言って、弟子たちの心を強めようとしましたか。
この言葉がなぜ、弟子たちの心を強めることになるのでしょうか。

4　パウロたちは困難な状況に置かれた教会のために、どのような
ことをしましたか（14:23）。

5　二人はどこを通ってシリアのアンティオキアに帰りましたか。
帰った二人は何をしましたか（14:24-28）。📖 3

まとめ　• •

　神々を信じる異邦人に対する宣教では、パウロはまず、天地を造り、
恵みをもって治める神を伝えています。これは、ユダヤ人にとっては
語る必要のない当然のことでした。

　新しく生まれた教会には、それぞれに長老たちを選びました。そし
て、パウロたちが各地で経験しているように、「神の国に入るために
は、多くの苦しみを経なければならない」と告げます。

考えよう　• •

１．異邦人社会である日本で福音を語るときは、どのようなメッセージ
が必要でしょうか。

２．私たちが福音を伝え、また、福音に生きようとするときに直面する
困難や苦しみには、どのようなものがありますか。

祈り ●●

　父なる神様、同胞の日本人にわかり易くみことばを語ることが
できるように助けてください。また、信仰ゆえのさまざまな苦しみを
受けるとき、それを乗り越えていく力をお与えください。

第一回宣教旅行（12:25-14:28）のまとめ

　旅程 🗺 3：アンティオキア教会 →キプロス島（サラミス、パポス）
→ペルゲ→ピシディアのアンティオキア→ イコニオン→リステラ→
デルベ→リステラ→イコニオン→ピシディアのアンティオキア→ペルゲ
→ アタリア → アンティオキア教会

　パウロとバルナバは各地の会堂でみことばを語りました。ユダヤ
人に対しては、イエスが旧約聖書で約束されていたメシアであり、
イエスの復活はメシアを遣わすという神の約束の成就であることを
語りました。異邦人に対しては、天地を造り、恵みをもって世界と
人を支えてくださる神を伝えました。二人が伝えたみことばを証明
したのは、各地で行われた奇跡でした（14:3）。

　第一回宣教旅行の特徴は異邦人の救いです。キプロスでは、ロー
マの総督が入信し、ピシディアのアンティオキアとイコニオンでは、
多くの異邦人が信仰に入りました。ユダヤ人を通して異邦人を祝福
するという神のご計画は着実に実現していきます。しかし、同時に、
一部のユダヤ人たちのねたみを引き起こすことにもなり、パウロと
バルナバは迫害を逃れながら、福音を伝え、各地の信者を励まして
いきました。

14課 エルサレム会議 15:1-35

　第一回宣教旅行からアンティオキアに帰ってきたパウロとバルナバは、神が共にいて行われたこと、ならびに、異邦人にも信仰の門が開かれたことを教会で報告し、そこにしばらくの間、滞在することになりました。

　ところが、一部のユダヤ人クリスチャンは、人は律法を通しては義と認められず、イエスを信じる者が義と認められる（13:38-39）ということを十分に理解できませんでした。そのために生じた問題がアンティオキア教会に持ち込まれます。

A　会議の背景　15:1-5

1　ユダヤからアンティオキアに下ってきた人々は、何と教えていましたか（15:1）。

2　パウロたちとこの人々との間に、激しい対立と論争が生じました。誰が何のためにエルサレムに上ることになったのですか（15:2）。

3　パウロたちは、エルサレムへの道中で何をしましたか（15:3）。🗺️ 2

4　エルサレムに着くと何をしましたか（15:4）。

5　パリサイ派出身のクリスチャンたちの主張は何ですか（15:5）。p.89 コラム「ユダヤ人と律法」参照。

B　会議　15:6-21

　この問題について話し合うために会議が開かれました（15:6）。律法を守らなければ救われないという主張に対して、ペテロは立ち上がって、まず、異邦人である百人隊長コルネリウスの回心の出来事（10章）を語ります。

(1) ペテロの論述　15:7-11

1　ペテロが福音を語ったとき、異邦人 (コルネリウスたち) はどう応答しましたか (15:7)。

2　その結果、神は異邦人に何をされましたか (15:8、10:44-46)。

3　その出来事はペテロにどのようなことを示したのでしょう (15:9)。

4　パリサイ派出身のクリスチャンが、異邦人クリスチャンに求めたことは何ですか (15:5、10)。負いきれなかったくびき[a]

5　ペテロはユダヤ人と異邦人の救いについて、どのように信じていますか (15:11)。

(2) ヤコブの結論　15:12-21

1　ペテロとパウロたちの話を聞いたヤコブ[b]は (15:12-13)、その報告をどのようにまとめていますか (15:14)。シメオン[c]、御名のために民をお召しになった[d]

2　ヤコブは、異邦人の救いが旧約聖書の預言のとおりだとして、アモス書を引用しています[40]。アモス書は何と言っていますか (15:15-18)。

注) 16 節は、メシアが新しい神の民を起こすことで成就しました。17 節の「残りの者 (残った者)」とは、イエスをメシアと信じる異邦人を指します。

---

[a] 負いきれなかったくびき：ユダヤ人に与えられながらも、彼らが実行することのできなかった律法を指す。ロマ 7 章で詳述されている。

[b] ヤコブ：イエスの兄弟。イエスの復活後に回心したと思われる。使徒ではなかったが、エルサレム教会の指導者の一人となった (12:17、ガラ 2:9 参照)。伝統的に、ヤコブの手紙の著者とされている。

[c] シメオン：ペテロのアラム語名。

[d] 御名のために民をお召しになった：神の民イスラエルを指す表現 (申 7:6) が異邦人にも使われ、異邦人も神の民として召されたことを語っている。

3 ヤコブが、異邦人と律法の問題に関して出した結論は何ですか。それはなぜですか（15:19-21）。

> 注）これらの禁止事項はレビ記17、18章に記されています。異邦人社会に暮らすユダヤ人にとって、特に忌むべきものと映ったのだと思われます。また、当時の偶像の神殿で行われていたことを指しているという説もあります。

C 諸教会への書状　15:22-35

1 エルサレム会議でユダとシラスを派遣することにしたのは、なぜだと思いますか（15:22）。

2 バルナバとパウロを評価することばを加えなければならなかったのは、なぜだと思いますか（15:23-26）。15:2 参照

3 エルサレム会議で決めたことは何でしたか（15:27-29）。

4 一行がアンティオキアに下った結果、どうなりましたか（15:30-31）。

5 ユダとシラスは何をしましたか（15:32-33）。預言者[a]

6 パウロとバルナバはどうしましたか（15:35）。

＝まとめ ・・・

　　異邦人が神の民に加わるためには、まず割礼を受けて改宗し、さまざまなモーセの規定を守らなければなりませんでした。ところがコルネリウスの回心によって明らかになったのは、割礼を受けず、モーセの諸規定を守らなくても、イエスをメシアと信じるならば、異邦人でも（次頁へ）

---

[a] 預言者：神からのことばを人々に告げる人。旧約聖書だけでなく、初代教会の中に預言の賜物を与えられた人がいた（Ⅰコリ12:10）。

罪が赦されて神の民に加えられるということでした。コルネリウスたちが信じただけで聖霊を受けたのが、その証拠でした。すなわち、ユダヤ人も異邦人も主イエスの恵みによって救われ、神の民となるのです（15:11）。

　このことがペテロによって語られると、エルサレム教会の指導者であるユダヤ人クリスチャンは、その恵みを理解しました。ただし、ユダヤ人にとって目に余る律法違反は避けるように指示しました。会議の決定がアンティオキア、シリア、キリキアの異邦人クリスチャンに伝えられると、彼らはその励ましのことばに喜びました。

考えよう

　教会の中で、信仰や教会生活に関して意見が大きく異なる場合、私たちはその違いをどのように乗り越えたらよいでしょう。エルサレム会議から学べることは何でしょうか。

祈り

　神よ、私たちも、主イエスの恵みによって救われたことを感謝します。また、教会内のさまざまな違いや葛藤を乗り越えていくために、救いに関する正しい理解と互いへの愛を豊かに与えてください。

15課 パウロの第二回宣教旅行 15:36-18:22

　　エルサレム会議の結論は、割礼を受けてモーセの諸規定を守らなくて
も、イエス・キリストへの信仰によって救われ、神の民に加えられる
というものでした。パウロとバルナバがその結論をアンティオキア教
会に伝えると、教会の人々はその励ましのことばに喜びました。二人は、
引き続き主のみことばを教えましたが、再び小アジアに旅立ちます。

A　小アジア再訪　15:36-16:5

(1) パウロとバルナバの意見の衝突　15:36-41

1　パウロは何をしようとしましたか（15:36）。

2　二人の間の意見の違いはどのようなものでしたか（15:37-38）[41]。
　　　バルナバとパウロの、賜物や性質の違いから想像してみましょう。

　　注）バルナバは「慰めの子」という意味のあだ名です。彼は、恐れられて
　　　　いたパウロを引き受けて、エルサレムの使徒たちに紹介したことが
　　　　あります[42]。パウロに関してはp.53の脚注「サウロ」参照。

3　意見の衝突の結果、どうなりましたか（15:39-40）。

　　注）バルナバの故郷であり、すでに宣教がなされているキプロスは[43]、
　　　　パウロが向かおうとしている厳しいギリシア宣教に比べて、若いマルコ
　　　　にとっては相応しい訓練地だったのかもしれません。後にパウロは
　　　　マルコを認めるようになりました[44]。

(2) パウロとシラスの働きとテモテの参加　15:41-16:5

1　パウロとシラスはどこを通り、どのような働きをしましたか
　　　（15:41-16:1）。　🗺 3

2　テモテはどのような人でしたか（16:1-2）。

3　エルサレム会議では、異邦人に割礼を求めないことが決まりました。

それではなぜ、パウロはテモテに割礼を受けさせたのですか（16:3）。

4 パウロの一行は諸教会に対し、何をしましたか（16:4）。

5 その結果、どのようになりましたか（16:5）。

 まとめ ‥‥‥‥‥‥‥‥‥‥‥‥‥‥‥‥‥‥‥‥‥‥‥‥‥‥

　パウロとバルナバの意見の衝突の結果、二人は別行動を取ることになりました。バルナバはマルコを連れてキプロスへ向かい、パウロとシラスは、シリア、キリキア、そしてガラテヤ州南部の地方を通り、諸教会を力づけていきます。リステラでは、評判の良いテモテを一行の一員に加え、ユダヤ人の手前、割礼を施してユダヤ人宣教のために備えます。
　パウロの一行がエルサレム会議の決定を伝えていったことにより、諸教会は信仰を強められ、人数も増えていきました。

 考えよう ‥‥‥‥‥‥‥‥‥‥‥‥‥‥‥‥‥‥‥‥‥‥‥‥‥

１. パウロとバルナバの意見の衝突の原因を考えてみましょう。それは避けられたのでしょうか。

２. エルサレム会議の決定が伝えられたとき、なぜ教会は信仰が強められたのだと思いますか。

祈り ‥‥‥‥‥‥‥‥‥‥‥‥‥‥‥‥‥‥‥‥‥‥‥‥‥‥‥‥‥‥

　父なる神よ、性格の違い、状況判断の違い、信仰理解の違いから、教会の中にさまざまな問題が生じます。それらを正しく解決していく知恵を与えてください。そして、私たちが福音を正しく理解することによって、信仰が強められ、教会に加えられる方が増していきますように。

B　ピリピでの働き　16:6-40

　パウロたちは、第一回宣教旅行で生み出された諸教会を巡回しただけでなく、他の地域にも福音を伝えようとしました。すると、聖霊によって意外な方向へ導かれていくことになります。

1　神はパウロの一行をどのようにしてマケドニア^aに導きましたか（16:6-10）。📖3

　　注）16:10 から文章の主語が「彼ら」から「私たち」へ変わります。著者のルカがここから一行に加わったと思われます。

2　ピリピはどのような都市ですか（16:11-12）。植民都市^b📖3

3　いつもなら、パウロたちは安息日に会堂に行き宣教しましたが、この時はどうしましたか。なぜだと思いますか（16:13）。祈り場^c

4　何が起こりましたか（16:14-15）。紫布^d、p.82 コラム「神を敬う異邦人」参照。

5　パウロたちが出会った若い女奴隷は何をしていましたか（16:16-17）。

6　パウロは何をしましたか（16:18）。

7　どのような事態になりましたか（16:18-24）。ユダヤ人にみことばを伝えたときに受けた反対と、ここで異教徒から受けている反対を比べてみましょう。どのような違いがありますか。

---

^a マケドニア：アカイア州の北にあるローマ属州。州都はテサロニケ。現在のギリシアにある。

^b 植民都市：もともと、ローマ軍を駐留させる軍事目的で造られた町。引退したローマ兵やローマ市民が入植して造ったローマ風の町も指す。

^c 祈り場：ユダヤ人の祈りと礼拝の場。ピリピには会堂を持つほどにはユダヤ人の数が多くなかった。

^d 紫布：当時の最も高級な布。紫に染めるためには地中海産の高価なアッキガイが多量に必要だった。

8 パウロとシラスが牢で賛美していると、何が起こりましたか（16:25-27）。

注）ローマ帝国では、囚人に逃げられた兵は死刑に処せられました。

9 看守が求めた「救い」は、どのようなものだったと考えられますか（16:28-30）。

注）「救い」は、あらゆる問題からの解決を指す広いことばです。

10 パウロたちが看守に語った「救い」は、どのような救いだったと思いますか（16:31-32）。p.62 コラム「救い、救い主」参照。

11 看守はどう応答しましたか（16:33-34）。

12 釈放しようとした長官にパウロは何と語りましたか（16:35-37）。p.99 コラム「ローマ市民権」参照。

13 長官はどうしましたか（16:38-39）。

14 牢を出た二人は何をしましたか（16:40）。p.76コラム「家の教会」参照。

 まとめ ・・・・・・・・・・・・・・・・・・・・・・・・・・・・・・・・・・・・・・

　小アジアでの働きを続けてきたパウロたちは、聖霊の導きにより、マケドニアに渡りました。彼らはピリピで、神を敬うリディアとその家族、また、看守とその家族を救いに導きました。

　パウロの一行が小アジアで受けていた反対は、主にユダヤ人からのものでした。しかし、マケドニアに渡った後に直面した反対は、福音が異邦人社会に影響を与えたために生じたものでした。

考えよう

1. 聖霊は、私たちの願いや志、知性や計画、努力や自制心のうちに働いて、ゆっくりとよい実を生み出してくださいます。また聖霊は、パウロたちにしたように、私たちの予想や計画とは異なる道を示し、思いをはるかに越えて働かれることもあります。あなたが経験した聖霊の働きや導きを分かち合いましょう。

2. 福音が社会を変え始める時に生じる反対には、どのようなものがありますか。

祈り

主よ、あなたはパウロたちを通して、新しい地域での宣教の扉を開かれました。宣教の主であるあなたをほめたたえます。聖霊が、日々の生活の中にも、特別な導きの中にも働いて、私たちを助け、励まし、導いてくださることを感謝します。また、福音が社会を変え始めるときに生じるさまざまな課題にも、私たちが正しく対応できるように助けてください。

━━ コラム ━━

「家の教会」

キリスト教会が教会堂を建て始めたのは、ミラノ勅令 (313年) によって迫害が止んでからでした。それ以前は、個人の家を中心に礼拝が持たれていました。例えば、初期のエルサレム教会は、家々でパンを裂き (2:46)、「ローマ人への手紙」の最後 (16章) には、プリスカとアキラの「家の教会」、「アリストブロの家の人々」、「私と教会全体との家主であるガイオ」などと記され、個人の家で集会が行われていた当時の様子を垣間見ることができます。ピリピの教会はリディアの家で集まっていたと思われます (16:40)。

C テサロニケでの働き　17:1-9

　リディアと看守の家族を救いに導いたパウロの一行は、ピリピを出て、テサロニケ^aに向かいました（17:1）。🗺 3

1　テサロニケに着いたパウロたちは何をしましたか（17:1-3）。

2　それはなぜだと思いますか。ユダヤ人は、異教徒によって殺されるような人物はメシア（キリスト）ではありえないと考えていたことを思い出しましょう。p.5「4 神の国と十字架のつまずき」参照。

3　パウロの宣教の結果、何が起こりましたか（17:4）。

4　ねたみに駆られたユダヤ人は何をしましたか（17:5）。

5　パウロとシラスを見つけることができなかったユダヤ人たちは、どうしましたか（17:6-9）。

　　注）テサロニケは紀元前2世紀にローマ軍に破れて属国となりましたが、紀元前42年にはオクタビアヌス（後の皇帝アウグストゥス）を支持して自由都市と認められました。テサロニケの人々にとって、カエサル（皇帝）にそむくことは絶対に避けなければならないことでした。

D ベレアでの働き　17:10-15

1　パウロとシラスはベレアに着くと何をしましたか（17:10）。🗺 3

2　ベレアの人々の多くが信仰に入ったのは、なぜですか（17:11-12）。

　　注）「みことば」とは、パウロが述べる「イエスこそがメシア（キリスト）」というメッセージであり、調べていた「聖書」とは、旧約聖書のことです。

3　パウロだけがアテネに向かったのは、なぜだと思いますか（17:13-15）。

---

^a テサロニケ：ローマ帝国の主要な街道の1つであるエグナティア街道が通り、良い港に恵まれた、交通と交易の要所。p.92 コラム「ローマの平和と街道」参照。

E アテネでの働き　17:16-34

1 アテネでシラスとテモテを待っていたパウロは、何を感じ、何をしましたか（17:16-17）。

2 パウロは、アテネの人たち、また、哲学者たちに何を宣べ伝えていましたか（17:18）。エピクロス派[a]、ストア派[b]

3 アレオパゴス[c]で語ることになったパウロは（17:19-21）、一般のアテネ人を意識して、まことの神についてどのように語っていますか（17:22-25）。

4 哲学者を意識して、どのように語っていますか（17:26-28）。

5 パウロは聴衆に何を勧めていますか（17:29-30）。

6 悔い改めるべき理由は何ですか（17:31）。そのことの確証はどのように与えられましたか。

7 テサロニケのユダヤ人への宣教（17:2-3）と、アテネでの異教徒への宣教を比べましょう。共通点と相違点は何ですか。

8 人々はどのように応答しましたか（17:32-34）。

---

[a] エピクロス派：神は世界から遠く離れていて、人間は静寂な心を追求することで幸福になれると考えていた。

[b] ストア派：神的な力は世界の中に、また、人間の内側に存在している。この力と結びつくことで人間は徳を高めることができると考えていた。

[c] アレオパゴス：アクロポリスの近くの小高い丘の名。ここで、教育、宗教、哲学などに関する論議が行われていた。後に場所は移ったが、引き続き丘の名前が論議の場を指して用いられた。

まとめ ・・・・・・・・・・・・・・・・・・・・・・・・・・・・・・・・・

　パウロは、聴衆の理解の程度や文化的背景を考慮して語っています。ユダヤ人に対しては、いつものようにイエスがメシア（キリスト）であることを伝えました。それは、まずユダヤ人が悔い改めて国々の光となることが神の計画だったからです。同時に、パウロは異邦人にも積極的に語りかけました。異教徒であるアテネの人たちには、天地万物の造り主であり歴史の主である神、身近におられるまことの神を教え、悔い改めを説きます。その理由は、終わりの日に神がイエスによって世界をさばくからであり、それはイエスの復活によって確証されたと語ります。この話を聞いた人々の反応は三つに分かれました。

考えよう ・・・・・・・・・・・・・・・・・・・・・・・・・・・・・・・・・・・・

１. ベレアの人々の多くが信仰に入った理由から、私たちは何を学ぶことができるでしょうか。
２. パウロは、相手によって語ることばを変えています。私たちは、回りにいる人々に、何をどのように語ることが求められているでしょうか。

祈り ・・・・・・・・・・・・・・・・・・・・・・・・・・・・・・・・・・・・・・・

　主よ、私たちが共にいる人々の考え方や感じ方、また必要を知り、それにふさわしい方法でみことばを分かち合えるように知恵を与えて下さい。

F　コリントでの働き　18:1-17

　異教徒であるアテネの人々に天地を造られた神を宣べ伝えたパウロは、そのアテネを去ってコリント[a]に向かいました。📖3

1　コリントに移ったパウロは誰と出会いましたか（18:1-2）。

2　アキラたちがコリントにいた理由は何ですか（18:2）。*クラウディウス帝*[b]、*ユダヤ人追放令*[c]

3　パウロの職業[d]は何ですか。なぜ仕事をしたのですか（18:3）。20:33-35 参照。

> 注）パウロはテサロニケに数週間滞在して、安息日に会堂で論じていたとき、週日は夜も昼も働いていたと語っています。ただし、福音の働き手がその働きから糧を得るのが原則であるとも述べています[45]。

4　パウロは安息日に何をしましたか（18:4）。

5　パウロは、シラスとテモテの助けを受けて、みことばを語ることに専念できました。誰に対し、何を証ししましたか（18:5）。

6　ユダヤ人が反抗したため、パウロは何をしましたか（18:6-7）。

7　誰が信じましたか（18:8）。

---

[a] コリント：アカイア州の州都。かつてローマ軍によって滅ぼされたが、カエサルによって再建されたローマの植民都市。交通と海上交易の要所として栄えていた。

[b] クラウディウス帝：第四代ローマ皇帝（在位 41-54 年）。次の皇帝はクラウディウスの養子であるネロ。

[c] ユダヤ人追放令：ユダヤ人をローマ市から追放したクラウディウス帝の命令。発令は49年という説があるが確定できない。この命令はクラウディウスの死去に伴い解除され、多くのユダヤ人がローマに帰還した。そこには、ユダヤ人クリスチャンも含まれていた。

[d] 職業：パリサイ人は宗教的な指導者であったが、職業を持つ一般の市民だった。パリサイ派出身のパウロも同様であったと思われる。

8 恐れを感じていたパウロに、主は何と言って励ましましたか（18:9-10）。わたしの民 [a]

9 その結果、パウロはどのくらいの期間、コリントに滞在しましたか（18:11）。

10 パウロのコリント滞在中、ユダヤ人が起こした事件はどのようなものでしたか（18:12-13）。ガリオ（ガリオン）[b]

11 ローマの行政官であるガリオが、この事件を取り上げなかった理由は何ですか（18:14-16）。

12 ユダヤ人は何をしましたか（18:17）。

まとめ

　パウロは、アキラとプリスキラという同労者を得、自らも仕事をしながら安息日にはユダヤ人と論じていました。シラスとテモテが到着してからは、パウロは宣教に専念することができました。その教えの内容は、イエスこそが旧約聖書で約束されていたメシアであるというものでしたが、ユダヤ人は反抗して事件さえ起こしました。一方、クリスポなどのユダヤ人や神を敬う異邦人だけでなく、多くのコリント人も信じてバプテスマを受けました。パウロは「わたしの民がたくさんいる」という主の励ましを受けて、一年半もコリントに滞在し、みことばを教えてコリント教会の基礎を築きました。

　初めて出会った同労者と協力し（18:1-2）、必要に応じてそれぞれの働きの場を考えるなど（18:5、19）、パウロ宣教団とも言える一行は臨機応変に活動していきます。

[a] わたしの民:旧約聖書でイスラエルに対して使われた用語。異邦人が信仰によって神の民となることが語られている。

[b] ガリオ：ルキウス・ユニウス・アンナエウス・ガリオ。小セネカの兄。52年頃にアカイア州の地方総督であった。

考えよう ・・・・・・・・・・・・・・・・・・・・・・・・・・・・・・・・・・・・・・・

　地道に伝統を大切にする宣教も大切です。しかし、パウロたちは、絶えず変化する状況に臨機応変に対応していきました。私たちはどうしたらよいでしょうか。

祈り ・・・

　主よ、人々の必要を正しく判断し、臨機応変に対応していく知恵を私たちにお与えください。

=== **コラム** ===

「神を敬う異邦人」

　「神を敬う異邦人」とは、旧約聖書の神を信じ敬い、ユダヤ教の会堂に集いながらも、割礼を受けて律法を守るユダヤ教徒とはなっていない人を指します。

　パウロたちが小アジアやマケドニア、またアカイア地方にあったユダヤ人の会堂で福音を伝えたとき、必ずと言ってよいほど、そこには、神を敬う異邦人がいて、その人々が信仰を持っていく様子が描かれています。初期の教会では、そのような回心者が、教会形成の上で重要な働きをしていきました。なぜ、それほど多くの異邦人が各地の会堂に集まっていたのでしょうか。人間臭い神話の神々や神秘主義、あるいは、思弁的な哲学では満足できなかった人々が、愛と正義の創造主を説くユダヤ教に魅力を感じたのではないかという説があります。

G　アンティオキアへの帰還　18:18-22

　ユダヤ人の反対がある中で、パウロは長期間コリントに滞在し、その後、シリアに向けて出帆しました。

1　パウロは誰と共にエペソ^aに行きましたか。そこで何をしましたか（18:18-19）。誓願^b 〰 3

2　エペソから船出したパウロは、何をしてからアンティオキアに行きましたか（18:20-22）。〰 3

第二回宣教旅行（15:36-18:22）のまとめ

　旅程 〰 3：アンティオキア教会→シリア、キリキア州→デルベ→リステラ→フリュギア、ガラテヤ地方→トロアス→ピリピ→テサロニケ→ベレア→アテネ→コリント→エペソ→カイサリア→エルサレム→アンティオキア教会

　エルサレム会議の後、パウロたちは諸教会を訪ねて会議の決定を伝えていきました。その結果、教会は力づけられ、人数も増していきました。パウロたちは小アジアでの宣教を継続していましたが、聖霊の導きにより、マケドニアに渡ります。その後、ピリピ、テサロニケ、ベレア、アテネ、コリントで宣教した結果、ユダヤ人だけではなく、多くの異邦人が信仰に入ることになりました。その過程で、異邦人社会特有のさまざまな反対や騒動が起こりますが、闘いの中でも各地に教会が築かれていきました。パウロが異邦人の宗教や思想を理解し、それにふさわしいことばを選んで宣教を展開したこと、また、パウロ宣教団とも言える一行が臨機応変に活動したことなどが、宣教が進展した要因でした。

---

^a エペソ：アジア州の州都。東地中海交易の中心地でローマ風の大規模な諸建築と、古代の七不思議の一つとされるアルテミス神殿で有名だった。

^b 誓願：p.95 の脚注参照。

16課 パウロの第三回宣教旅行 18:23-21:16

　第二回宣教旅行から帰ってきたパウロたちは、アンティオキアにしばらく滞在しました。

A　第三回宣教旅行の開始とアポロの働き　18:23-28

1　その後、パウロはどこを巡り、何をしましたか（18:23）。📖 4

2　エペソに来たアポロという人物は、どのような人でしたか（18:24-26）。アレクサンドリア^a

3　エペソにとどまっていたプリスキラとアキラ（18:19）は、アポロと出会ってどのようなことをしましたか（18:26）。

4　アカイア州に渡ったアポロは何をしましたか（18:27-28）。

5　アポロがユダヤ人に論証したことは、どのようなことでしたか（18:28）。

B　エペソでの働き（1）　19:1-12

1　ガラテヤとフリュギア地方の後（18:23）、パウロはどこを通ってエペソに来ましたか（19:1）。📖 4

2　パウロは、弟子たちにどのようなバプテスマ〔洗礼〕を授けましたか（19:2-5）。

3　それはどのような結果を生みましたか（19:6-7）。

　　注）エペソの弟子たちは、ヨハネが指し示したメシアであるイエスについては十分に理解していなかったようです。また、当時、異言を語り預言をすることは、イエスを信じて聖霊を受けたことのしるしとなっていました。

---

^a　アレクサンドリア：帝国第二の国際都市。学問レベルの高さも有名で、多くのユダヤ人が住んでいた。この町で、紀元前にヘブル語の聖書がギリシア語に訳され（70人訳ギリシア語聖書）、それは、初期の教会でも使われていた。

4 パウロは会堂で何について語りましたか (19:8)。<u>神の国について</u>[a]

5 その結果、何が起こりましたか (19:9-10)。<u>ティラノの講堂</u>[b]、<u>アジア</u>[c]。 4

6 神はパウロを通してどのように働かれましたか (19:11-12)。

ミまとめ ・・・・・・・・・・・・・・・・・・・・・・・・・・・・・・・・・・・・・

　第二回宣教旅行の最後に、パウロはアジア州の州都であるエペソへ行って短期間宣教し、プリスキラとアキラをエペソに残していました。第三回宣教旅行ではガラテヤとフリュギアの諸教会を巡回して兄弟たちを力づけた後、内陸を通って再びエペソを訪ね、今回は二年も滞在して、ティラノの講堂で論じました。その結果、アジア州の住人がみな主のことばを聞くことになりました。神はパウロを通して多くの奇跡を行い、みことばの確かさを証しされました。

考えよう ・・・・・・・・・・・・・・・・・・・・・・・・・・・・・・・・・・・・・

　パウロはエペソに留まっていながらも、アジア州の住人にみことばを伝えることができました。その理由を考えてみましょう。そのことから私たちが学べることがありますか。

祈り ・・・

　神よ、地方でも都市においても、私たちが知恵を用いてみことばを伝えていけるよう助けてください。

---

[a] 神の国について：愛と正義に満ちた神のご支配が地上に広がり、ついにそのご支配が地上で完成すること。詳しくは p.4「神の国の福音」参照。

[b] ティラノの講堂：ティラノという人物が建てた講堂と思われるが、人物の詳細は不明。

[c] アジア：小アジア西部に位置するローマの属州で、エーゲ海に面している。パウロが二年間滞在していたエペソが州都。

C エペソでの働き（II）　19:13-40

　エペソにおけるパウロの働きは目覚しいもので、アジア州の住人がみな、みことばを聞くほどでした。その影響はさまざまな形で現れます。

(1) スケワの息子たちの事件　19:13-22

1　スケワの息子たちはどのような事件を起こしましたか（19:13-16）。

2　その結果、何が起こりましたか（19:17-20）。

3　一連の出来事の後、パウロはどのような計画を立てましたか（19:21）。
🦊 4

　　注）コリント滞在中[46]に書いたと言われる「ローマ人への手紙」によると、パウロは何度かローマ教会を訪れたいと願っていました[47]。

4　パウロは誰を、どこに派遣しましたか（19:22）。

(2) デメテリオの騒動　19:23-40

　テモテとエラストを、一足先にマケドニアに送り出したパウロは、エペソで新たな騒動に遭遇します。

1　デメテリオはどのような人ですか（19:23-24）。アルテミス[a]

2　デメテリオは同業者に何を語りましたか（19:25-27）。

3　その結果、何が起こりましたか（19:28-29）。同行者[b]、劇場[c]

---

[a]　アルテミス：エペソの守護神。エペソ以外の広い地域でも礼拝されていた。豊作と出産の女神で、春と秋に大きな祭りが行われた。

[b]　同行者：パウロの宣教に何らかの形で協力した者で、旅行に常に同行していたかどうかは不明。

[c]　劇場：帝国内の諸都市に多く見られたローマ風の円形劇場。エペソの劇場は５万人を収容する当時最大級のものだった。東京ドームの座席数は５万５千席。

4 パウロはどうしようとしましたか。誰がどのようにパウロを思いとどまらせたのでしょうか（19:30-31）。

5 劇場での集まりが混乱したときに、町の書記官は何と言って集まりを解散させましたか（19:32-40）。

まとめ ●

　パウロのエペソ宣教は、社会にさまざまなインパクトを与えました。スケワの息子たちはパウロの働きをまねて害を受け、デメテリオの発言はエペソの住民の感情を揺さぶって騒動も起きました。しかし、パウロたちの宣教はローマの法律に抵触するものではなかったことが記されています。

　18:24 に初めて登場するアポロはアカイア州に行き、州都コリントの教会形成に重要な貢献をすることになります[48]。

考えよう ●

1. 悪霊崇拝や魔術、その他、さまざまな霊的な力に関わることについて、今回の学びでどのようなことが教えられますか。
2. 福音が広く語られると、影響を受ける職業や産業があるでしょうか。どのような反対が予想されますか。

祈り ●

　天地の造り主である主よ、私たちの社会にも霊的な闘いがあります。それがどのようなものかを見極め、正しく対処できるように助けてください。

D　エペソからマケドニア、トロアスへ　20:1-12

　エペソで二年間宣教を続け、アジア州全体に福音を広めたパウロは、マケドニア州とアカイア州を通ってエルサレムに行き、その後はローマへ向かうという計画を立てていました（19:21）。

1　アルテミスの騒動の後、パウロは何をしましたか（20:1-2）。[icon] 4

2　パウロはギリシア（アカイア）に三か月間滞在しました。トロアスに向かって先発したのは誰ですか（20:3-5）。<u>私たち</u>[a] [icon] 4

3　一行はピリピから船でトロアスに渡りました（20:6）。<u>週の初めの日</u>[b]、パウロたちは何のために集まりましたか（20:7）。<u>パンを裂く</u>[c] [icon] 4

4　その集まりで、パウロは人々と何をしていましたか（20:7）。

5　ユテコ〔エウティコ〕に何が起こりましたか（20:8-9）。

6　パウロは何をしましたか（20:10-11）。

7　人々はどうしましたか（20:12）。

E　トロアスからミレトスへ　20:13-16

1　「私たち」、そしてパウロは、どのような行路をたどってミレトスに着きましたか（20:13-15）。[icon] 4

2　パウロの重要な宣教拠点であったエペソに寄らなかったのはなぜですか（20:16）。<u>五旬節〔五旬祭〕</u>[d]

---

[a] 私たち：「使徒の働き」の著者ルカを含むことば。
[b] 週の初めの日：安息日の翌日。週の初めの日にイエスが復活したことを記念して、その日にキリスト教の集まりが持たれるようになったと考えられている。
[c] パンを裂く：聖餐式の原型となる儀式。2:42 参照。

まとめ ・・・・・・・・・・・・・・・・・・・・・・・・・・・・・・・・・・

　パウロは小アジアを離れると、マケドニアに渡り、その地方とギリシア
の諸教会を巡回し、兄弟たちを励ましながら旅を続けました。ギリシア
からシリアに船で戻ろうとしたとき、ユダヤ人の陰謀があったため、
マケドニアを通って小アジアに戻ることになりました。トロアスでは、
週の初めの日の集会が開かれ、ユテコの出来事が起きます。エルサレム
への旅を急いでいたパウロは、エペソに寄らないことにしていました。

 考えよう ・・・・・・・・・・・・・・・・・・・・・・・・・・・・・・・

　トロアスで屋上の間に集まっていた人々は、パウロから何を聞き、
どのようなことを明け方まで語り合っていたと思いますか。

祈り ・・・・・・・・・・・・・・・・・・・・・・・・・・・・・・・・・・・・・

　主よ、パウロが伝えようとした神の働きとみことばの理解を、私たち
も熱心に求め、学んでいくことができるよう助けてください。

═══ **コラム** ═══

「ユダヤ人と律法」

　当時のユダヤ人にとって律法は神の命令であり、命をかけて守って
きたものです。紀元前2世紀中頃には、律法を破ることを強要するシリ
アの王に対して、ユダヤ人たちは武器を取って戦いました（旧約聖書続編
「マカバイ記」）。パウロたちが述べた「割礼を受けず、律法を守らなくて
も神の民となることができる」という教えは、歴史を経たユダヤ人の
信仰理解とはあまりにもかけ離れていて、回心したユダヤ人クリスチャン
にとっても、受け入れ難いことでした。そのため、各地の教会で、律法
の位置づけに関するトラブルが続き、パウロは諸教会に宛てた手紙の中で
この問題を取り扱っていくことになります。p.92 コラム「旧約聖書続編」参照。

---

d 五旬節：過越の祭りから50日目のユダヤ人の祝祭日。

F ミレトスでの告別説教 20:17-38

エルサレムへの旅路を急いでいたパウロは、エペソに寄らず、ミレトスから使いを送ってエペソ教会の長老たちを呼びました（20:17-18）。

1 パウロはアジアで、どのような姿勢で主に仕えましたか（20:18-19）。

2 パウロは誰に対し、何を証ししましたか（20:20-21）。

3 この後、パウロにどのようなことが起ころうとしていますか（20:22-23）。

4 エルサレムで捕らえられ、苦しみにあうことを予想した上で、パウロは自分の人生をどのように捉えていますか（20:24）。

5 パウロはエペソのクリスチャンに何を伝えましたか（20:25-27）。それはどのような内容ですか。脚注参照[a]

6 パウロは、教会の長老にどのようなことを命じていますか。それはなぜですか（20:28）。監督[b]

7 長老たちはどのような問題から群れを守るのですか（20:29-30）。

8 群れを守る指導者としてのパウロは、どのような模範を示しましたか（20:31）。

---

[a] 御国（神の国）：愛と正義に満ちた神のご支配が地上に広がり、ついにそのご支配が地上で完成すること。p.4「2 神の国の広がりと完成」参照。
神のご計画のすべて：天地創造から、アブラハムへの約束、メシアであるイエスの到来、そして万物の更新（3:21）に至る、神の創造と救いのご計画を指す。聖書を読む会「救いの基礎」参照。
[b] 監督：教会全体を見守り指導する職務。

9 エペソを去ろうとしているパウロは、教会の将来を何にゆだねていますか。なぜですか（20:32）。

10 パウロは奉仕者としてどのような生活をし、何を示しましたか（20:33-35）。

11 別れの時の様子は、パウロとエペソの長老たちとの関係について何を物語っていますか（20:36-38）。

まとめ ‥‥‥‥‥‥‥‥‥‥‥‥‥‥‥‥‥‥‥‥‥‥‥

　ミレトスでエペソの長老たちに語ったことは、第三回宣教旅行でのパウロの働きをよく表しています。パウロは数々の試練の中で、謙遜の限りを尽くし、主に仕えました。ユダヤ人にもギリシア人にも「神に対する悔い改め」と「主イエスに対する信仰」を証しし、教会では「神の国」と「神のご計画のすべて」を余すところなく知らせました。そして、教会を内外の攻撃から守るために長老を立て、彼らにその務めを果たすよう励まします。また、パウロは、一人ひとりを涙とともに訓戒し、人々の必要のために自ら働いた自分に倣（なら）うようにと語りました。

考えよう ‥‥‥‥‥‥‥‥‥‥‥‥‥‥‥‥‥‥‥‥‥‥

1. 告別説教で語られた内容は、今日でも、指導者として立てられた者にとっての指針です。どのような点があなたの心に残りましたか。

2. みことばがクリスチャンを成長させ、御国を受け継がせることができるとパウロは言いました。忙しい日常の中で、どのようにみことばに親しんでいったらよいでしょうか。

　　注）パウロの語る「みことば」とは、パウロがエペソの教会で教えた「神の国の福音」、「神のご計画の全体」を主に指しています。

祈り ・・・

　主よ、私たちも謙遜の限りを尽くし、愛をもって主と人に仕える者としてください。また、神の国の福音、神のご計画の全体像を理解し、そこに生きる者としてください。

=== コラム ===

「ローマの平和と街道」

　ローマ帝国は、世界最強と言われた軍隊を背景に、優れた司法と行政機構によって広大な地域で平和と秩序を保っていました。また、「全ての道はローマに通ず」と言われたように、ローマ市を中心とした、帝国全土に張り巡らされた緻密な石造りの街道は、ローマ軍だけでなく、物流と人の移動をかつてないほどに円滑にしました。パウロが30年という短い期間で、地中海東部の広い地域を福音で満たすことができたのも、ローマ帝国が築いた平和と街道によっていました。

「旧約聖書続編」

　「旧約聖書続編」は、紀元前4世紀から紀元1世紀頃までの間に書かれたユダヤ教の文書を集めたものです。教会の歴史の中で、長い間、正典に準ずるものとして重視されてきました。福音書やパウロ書簡の背景にある、当時のユダヤ人の信仰を理解するための貴重な資料となっています。

G　ミレトスからエルサレムへ　21:1-16

　ミレトスでエペソ教会の長老たちと別れてから、パウロたちはいよいよエルサレムに向かいます。

1　パウロの一行はどのような経路でツロ〔ティルス〕に至りましたか（21:1-3）。 4

2　ツロでの出来事はどのようなものでしたか（21:4-6）。

3　ツロからプトレマイスを通ってカイサリアに着いた一行は、どこに滞在しましたか（21:7-9）。ピリポ^a 4

4　アガボの預言を聞いた人々はパウロに何を願いましたか（21:10-12）。

5　パウロはどう応答しましたか（21:13-14）。

6　その後、パウロの一行はどこへ向かいましたか（21:15-16）。

三まとめ

　エルサレムで「鎖と苦しみ」が待っていることは、パウロ自身が予期していたことで、ツロやカイサリアでは、兄弟たちも警告していました。しかしパウロは、ミレトスで「いのちは少しも惜しいとは思いません」と語り、エルサレムに入る直前には「死ぬことも覚悟しています」と語っています。彼の思いは揺るぎませんでした。エルサレムでクリスチャンを苦しめたパウロが、今や、エルサレムでキリストのゆえに苦しみを受けようとしています。それは、十字架にかかるためにエルサレムに上ったイエスを思い起こさせることでもありました。

---

^a　ピリポ：6:5、8:5 参照。

考えよう ‥‥‥‥‥‥‥‥‥‥‥‥‥‥‥‥‥‥‥‥‥‥

1. なぜ聖霊は、パウロがエルサレムで苦しみにあうことを前もって
   知らせたのだと思いますか。

2. 福音を伝え、神の国に生きようとするとき、使徒パウロだけでなく
   私たちも、何かしらの犠牲を払う覚悟を求められることがあります。
   どのようなことが考えられますか。

祈り ‥‥‥‥‥‥‥‥‥‥‥‥‥‥‥‥‥‥‥‥‥‥‥‥‥‥

　　父なる神よ、私たちもパウロのように福音のために生き、苦しむこと
さえも覚悟できるように整えてください。また、今、福音のゆえに苦しみ
にあっている伝道者や兄弟姉妹をお支えください。

第三回宣教旅行（18:23-21:16）のまとめ

　　旅程 🗺 4：アンティオキア教会→ガラテヤ、フリュギア→エペソ→
マケドニア→ギリシア→マケドニア→トロアス→ミレトス→ツロ→
カイサリア→エルサレム

　　第三回宣教旅行でパウロは、小アジア、マケドニア、ギリシアという
広い地域を旅しながら諸教会を訪ねて、兄弟たちを励ましていきます。
その中でも著者ルカが紙面を割いて取り上げているのは、エペソでの
宣教と、エペソの長老たちへの告別説教です。エペソ宣教では、パウロ
がエペソ市とアジア州全体に大きな影響を与えた様子が記されています。
告別説教には、パウロの指導者としての労苦と姿勢が描かれ、今でも
私たちに多くのことを語っています。告別説教を終えたパウロは、苦しみ
が待っていることを知りつつ、エルサレムに向かって行きました。

17課 エルサレムからローマへ 21:17-28:30

パウロは第三回宣教旅行を終えて、エルサレムに上りました。そこでは、パウロはユダヤ人に捕らえられ、異邦人の手に渡されるという預言が告げられていました。

A エルサレムでの働き（1） 21:17-36

(1) 長老たちとの会合 21:17-26

1 エルサレムに着いたパウロは何をしましたか（21:17-19）。

2 エルサレムの長老によると、ユダヤ人で信仰に入った人はどのくらいいますか（21:20）。

3 このユダヤ人クリスチャンたちは、パウロについてどのようなことを聞かされていますか（21:21）。

4 長老たちはパウロに何をするよう勧めましたか（21:22-25）。誓願[a]

5 パウロはその勧めに、どのように応じましたか（21:26）。

(2) パウロの逮捕 21:27-36

1 宮〔神殿〕に入ったパウロに対して、アジア州から来たユダヤ人は何をしましたか（21:27-28）。

---

[a] 誓願:この儀式は、民 6:1-21 にあるナジル人の誓願の規定に似たものと思われる。物断ちをした聖別の期間が満ちた時に、ささげ物をささげ、頭髪を剃った。

2 彼らはどのように誤解したのでしょう（21:29）。<u>宮に連れ込んだ</u>[a]

3 その結果、何が起こりましたか（21:30）。

4 ローマ軍の千人隊長は、パウロに対して何をしましたか（21:31-36）。

 まとめ ・・・・・・・・・・・・・・・・・・・・・・・・・・・・・・・・・・・・

　ユダヤ人クリスチャンは、イエスをメシアと信じる信仰を持った後も律法への熱心さを失ってはいませんでした。ところが、彼らは、パウロがモーセの律法に背くように教えていると聞いていました。そこで、エルサレム教会の長老たちは、パウロに対して、ユダヤ人クリスチャンを配慮した提案をしました。パウロが律法を行って正しく歩んでいると示すことによって理解を得ようとしたのです。

　パウロはその提案に従ったのですが、アジア州でパウロの働きを見聞きした、クリスチャンではないユダヤ人によって捕らえられ、殺されそうになりました。

考えよう ・・

　エルサレム教会の長老たちは、不必要な誤解を解く努力をしました。今も教会には、誤解や行き違いが生じることがあります。私たちは、どのような努力や工夫が必要だと思いますか。

祈り ・・・

　父なる神よ、罪人の集まりである私たちには、一致を保つための絶えざる努力が必要です。そのための知恵と忍耐をお与えください。

───────────────────────────────────────

[a] 宮に連れ込んだ：異邦人は汚れた者と見なされていたので、聖なる神殿の内庭に入ることは禁じられていた。p.99 コラム「神殿警告碑」参照。

B エルサレムでの働き（II） 21:37-23:11

　パウロは、ユダヤ人によって殺されそうになったところを千人隊長に助けられました。パウロは、イエスを証しするためにその機会を捉えようとします。

(1) 民衆の前での証し　21:37-22:29

1　パウロはどのようにして、民衆に話す機会を得ましたか（21:37-39）。

2　パウロはユダヤ人に対しては何語で語りかけましたか（21:40）。

3　パウロが同胞のユダヤ人にどうしても語りたいと思う理由を、ローマ人への手紙 9:1-5、10:1-4 から考えてみましょう。この手紙は、パウロがエルサレムに来る直前にコリントで書いたものです。

4　パウロの自己紹介は、どのような点でユダヤ人の理解を得ることができると思いますか（22:1-5）。ガマリエル[a]

5　イエスとの出会いの後（22:6-11）、ダマスコに入ったパウロはアナニアと会います。アナニアの紹介と彼が述べたことは、ユダヤ人の理解を得るために、どのように役立つと思いますか（22:12-16）。義なる方[b]

6　回心後、エルサレムに帰ったパウロに、主はどのような務めを授けましたか（22:17-21）。

7　パウロの話がこの時点でさえぎられたのは、なぜだと思いますか（22:22）。21:28 の告訴内容と p.89 コラム「ユダヤ人と律法」を読んで考えましょう。

---

[a] ガマリエル：パリサイ派の指導者の一人。最高法院の議員（5:34）。

[b] 義なる方：メシアであるイエスを指す（3:14、7:52 参照）。

8 混乱が生じたため、千人隊長はパウロを兵営に連れて行きました。パウロがローマ市民であることは、パウロに対する取り扱いという面で、どのように役立ちましたか（22:23-29）。p.99 コラム「ローマ市民権」参照。

(2) 最高法院での弁明　22:30-23:11

1 千人隊長は最高法院を召集し、パウロに弁明の機会を与えました（22:30）。パウロの最初の発言に対して、大祭司が反感を持ったのはなぜだと思いますか。

2 権威を持つ大祭司を前にして、パウロはどのような態度をとりましたか（23:3-5）。

3 最高法院が二つに割れたのはなぜですか（23:6-10）。

4 その夜、主はなぜパウロに語ったのでしょう（23:11）。

まとめ ・・・・・・・・・・・・・・・・・・・・・・・・・・・・・・・・・・・

パウロは、ユダヤ人の民衆が彼の言葉を受け入れやすいように語り、千人隊長に対しては、正当な扱いを受けるためにローマ市民であることを述べ、最高法院では、死者の復活を話題にしてその場を混乱させました。パウロが抱いている、ユダヤ人同胞の救いを願う熱い思い、知恵深さ、機転と大胆さを見ることができます。それでも、恐れを抱いたパウロを主は励まし、エルサレムで主を証ししたように、ローマでも証しをしなければならないと告げます。

考えよう ・・・・・・・・・・・・・・・・・・・・・・・・・・・・・・・・

パウロは同胞のユダヤ人が救われることを切に願い、懸命に語りましたが拒絶されました。あなたも、自分が愛し、救いを願う親しい人々から拒まれたことがありますか。それをどのように受け止めたらよいでしょう。

祈り ・・・・・・・・・・・・・・・・・・・・・・・・・・・・・・・・・・・・

　父なる神よ、私たちが福音を語る時、人々を愛し、知恵深く接することができるように助けてください。恐れることの多い私たちを聖霊によって力づけてください。

=== コラム ===

「神殿警告碑」

　1871年にエルサレム神殿で紀元1世紀頃の石碑が発掘されました。これは、内庭を囲む手すりのところにあったとされ、次のように記されています。「異邦人は神殿と中庭を囲むこの手すりの中に入るべからず。捕らえられた者が殺されても、その責任はその者にある。」
（イスタンブール考古学博物館所蔵）

「ローマ市民権」

　ローマ市民権は、ローマ市の男性の自由人に与えられていましたが、次第に、ローマ帝国に貢献した者にも与えらるようになりました。世襲でしたが、後に売買も可能になったようです。市民権を持つ者は、ローマ市内の選挙で投票する権利があり、市外では帝国の保護の下にあったため、不公正な裁判や扱いから免れることができました。また、カエサルに上訴することもできました。パウロの宣教はこれらの特権に守られて前進したのです。

C カイサリアでの働き（1） 23:12-25:12

　民衆の間でも、最高法院においても、パウロの話は大きな騒ぎを起こし、彼はローマ軍の兵営に保護されることになりました。その夜、主はパウロを励まし、エルサレムで主を証ししたように、ローマでも証しをすることになると語りました（23:11）。

(1) カイサリアへの移送　23:12-35

1　ユダヤ人のある者は、パウロ殺害の陰謀を企てました。それはどのように露呈しましたか（23:12-22）。

2　千人隊長はどのような判断をしましたか（23:23-30）。<u>フェリクス総督</u>[a]

3　その結果、パウロはどうなりましたか（23:31-35）。🗺 4

(2) 州総督フェリクスの前での裁判　24:1-27

1　パウロがカイサリアに護送されて五日後、大祭司たちがカイサリアに下ってきて、弁護士を立て、パウロを訴えました（24:1-9）。罪状は何ですか（24:5-6）。

2　パウロは「騒ぎを起こしている」という訴えに、どのように反論していますか（24:10-13）。

3　正統でない教えを語る分派の首謀者として訴えられたことに対して、パウロはどのように弁明していますか（24:14-16）。<u>律法、預言者</u>[b]、p.105 コラム「復活」参照。

---

[a] フェリクス総督：アントニウス・フェリクス。ユダヤ州のローマ総督（在位52-60年）。総督として堕落し抑圧的であり、私生活も不道徳であったとされる。総督官邸はカイサリアにあった。

[b] 律法、預言者：これらの言葉で旧約聖書全体を指した。

4 パウロは、「宮さえも汚そうと」したという訴えに、何と答えていますか（24:17-21）。

5 弁護士テルティロの訴えとパウロの弁明を聞いたフェリクスは、どうしましたか（24:22-23）。

6 裁判の後、フェリクスに呼び出されたパウロは、フェリクスに何を語りましたか（24:24-25）。

7 フェリクスはなぜ恐れを感じたのでしょう。p.100 脚注のフェリクスと p.101 脚注のドルシラ[a]を読んで考えてみましょう。

8 パウロはその後、二年間もカイサリアで監禁されていました。それはなぜですか（24:26-27）。

9 活動的に宣教に従事してきたパウロでしたが、監禁されていたこの期間、どのような思いでいたか想像してみましょう。

(3) 州総督フェストゥスの前での上訴　25:1-12

1 フェリクスの後任としてフェストゥス[b]が州総督となり着任しました。フェストゥスに対し、祭司長たちはパウロをエルサレムに呼び寄せてほしいと願いました。それはなぜですか（25:1-5）。

2 パウロがカエサルに上訴した理由は何ですか（25:6-12）。
注）23:12以降で見たように、すでにユダヤ人の陰謀を経験していたパウロは、エルサレムに戻されることに危険を察知したのかもしれません。また、以前から、ローマへ行く計画[49]やローマで証しすることになる、という主のことば[50]も念頭にあったと思われます。

---

[a] ドルシラ：アグリッパー一世の末娘。アグリッパ二世とベルニカの妹。その美貌のゆえにフェリクスはドルシラを説得して前の夫と離婚させ、自身の妻とした。
[b] フェストゥス総督：ポルキウス・フェストゥス。フェリクスの後任のユダヤ総督（在位60-62年）。

まとめ ・・・

　偶然のように見える出来事を通して、パウロは謀略を逃れてローマへ一歩近づきます。カイサリアでもパウロのすぐれた知恵と知性が現れています。フェリクスの前では、三つの告訴内容に対して、みごとに反論し、次に、カエサルに上訴することによって祭司長やフェストゥスの企てから逃れ、ローマ行きが決定的になりました。

考えよう ・・

　渦中にいる時には見えなかったことが、後になって、それが不思議な主の導きであったとわかる場合があります。そのような経験がありますか。分かち合いましょう。

祈り ・・

　主よ、私たちにも聖霊により知恵を授けてください。弁明しなければならない時は、適切に語り、正しく振る舞えるように助けてください。また、不条理に見える出来事でも、その背後に主のみ手があると信じることができますように。

D　カイサリアでの働き（II）　25:13-26:32

　フェリクスの後任であるフェストゥスは、ユダヤ人の機嫌を取ろうとして、パウロにエルサレムでの裁判を提案します。しかし、パウロがカエサルに上訴したため、ローマに行くことが決定しました。このことによって、パウロには、もう一度カイサリアでイエスを証しする機会が与えられることになります。

1　フェストゥスに会いに来たアグリッパ王[a]に、フェストゥスはパウロに関する今までの経緯を述べています（25:13-21）。フェストゥスはイエスの死と復活をどのように捉えていますか（25:19）。ベルニケ[b]

2　アグリッパたちの前で、パウロを取り調べることにしたフェストゥスの目的は何ですか（25:22-27）。

3　パウロは自分のユダヤ教徒としての背景をまず述べた上で（26:1-5）、ユダヤ人に訴えられた理由を語っています（26:6-8）。その理由とは何ですか。p.105 コラム「復活」参照。

4　パウロは、迫害者であった自分がイエスと出会って回心した体験を述べています（26:9-16）。パウロは誰のところへ派遣されましたか（26:17）。

5　それは何のためですか（26:18）。相続にあずかる[c]

6　パウロは人々に何を宣べ伝えましたか（26:19-20）。その結果、何が起こりましたか（26:21）。

---

[a] アグリッパ王：ヘロデ・アグリッパ二世。ヘロデ大王のひ孫、アグリッパ一世の子でユダヤの領主（在位53年頃-100年頃）。ローマ総督との共同統治の形をとった。p.25 脚注「ヘロデ」参照。
[b] ベルニケ：アグリッパ王の妹。
[c] 相続にあずかる：イエスが再臨し、万物が改まる時に、イエスを信じる者が肉体をもってよみがえり、新たにされた地上をイエスとともに治めるようになること。ロマ 4:13、8:17-21 参照。

7 パウロは、自分が人々に語ったのは旧約聖書の預言だけである、とアグリッパ王に弁明しています。それはどのような預言でしたか（26:22-23）。

8 フェストゥスの「頭がおかしくなっている」（26:24）ということばを受けて、パウロは何と語っていますか（26:25-27）。

9 パウロの質問（26:27）は何を意図していたと思いますか（26:28）。

10 パウロの願いは何ですか（26:29）。

11 王たちは退場してから何と言いましたか（26:30-32）。

まとめ ・・・・・・・・・・・・・・・・・・・・・・・・・・・・・・・・・・

　パウロがアグリッパ王に語ったのは、迫害者であった自分がイエスに会って回心した体験と、そのイエスに委ねられた神の国の福音でした。
　その福音の内容とは、
　１）旧約聖書で約束されていたメシアはイエスであること
　２）イエスの死と復活も預言されていたこと
　３）イエスを信じる信仰によってユダヤ人も異邦人も罪が赦され、完成した神の国を相続すること
　４）悔い改めて、それにふさわしい行いをすべきであること
というものでした。そして、最後にパウロは、王にも悔い改めを迫ります。アグリッパ王がいみじくも言ったように、パウロは聞く者に対して最も効果的なことばと論理を用いています。それも、一人でも多く救いに導くためでした。

考えよう ・・・

　友達や家族に、「あなたが信じていることを話してください」と言われたら、あなたはどのように語りますか。分かち合いましょう。

祈り ・・

　主よ、私たちにも、正しい福音理解、人の救いを願う心、そして、相手を理解して話す知恵を、聖霊によってお与えください。

═══ **コラム** ═══

「復活」

　当時のユダヤ人の多くは、世の終わりに義人も悪人も復活し、義人は神が治める世界を受け継ぎ、悪人は神の裁きを受けると信じていました。復活は世の終わりのしるしだったのです。イエスが死者の中から復活したということは、世の終わりが始まったことを示しています。「神が、歪んだこの世界を最後には正してくださる」という旧約聖書で語られてきた希望は、イエスが初穂として復活したことによって確かなものとなりました。イエスの復活がキリスト教の中心的な信仰内容となりました。

E ローマへの旅　27:1-28:16

カイサリアで二年間、軟禁状態にあったパウロは、カエサル〔皇帝〕に上訴したために、百人隊長に引き渡されてローマに護送されることになりました。

(1) カイサリアからマルタへ　27:1-44

1　一行はカイサリアを出て、一度船を乗り換えてクレタ島の「良い港」に着きます（27:1-8）。パウロはそこで何と言って警告しましたか（27:9-10）。断食の日[a] 🗺4

2　百人隊長はどうしましたか（27:11-13）。

3　どのような暴風に巻き込まれましたか（27:14-20）。ユーラクロン〔エウラキロン〕[b]

4　パウロは何と語りましたか（27:21-26）。

5　その後、どのようなことが起きましたか（27:27-29）。

6　パウロは、水夫たちの動きを見て何と言いましたか。兵士はどうしましたか（27:30-32）。

7　パウロは一同にどのようなことを勧めましたか（27:33-35）。なぜそのようなことが言えたのでしょう（27:22-25）。

8　人々はパウロの勧めに素直に従いました（27:36-38）。それはなぜだと思いますか。

---

[a] 断食の日：贖罪の日の断食を指す。秋分の日の前後。

[b] ユーラクロン：秋に地中海に吹く北東風の嵐。

9 船が座礁し、兵士たちが囚人たちを殺そうとしたとき、なぜ百人隊長はその計画を制止したのですか（27:39-44）。

注）ローマ帝国では、囚人に逃げられた兵は死刑に処せられました[51]。

10 一連の出来事を通して、一同はパウロについてどのような考えをもつようになったと思いますか。それはなぜでしょう。

(2) マルタからローマへ　28:1-16

1 一同は無事マルタ島に上陸して、島の人々に親切にしてもらいました。その時、パウロの身に起きたことと、島の人々の反応はどのようなものでしたか（28:1-6）。

2 パウロが長官の父親を癒やした結果、何が起きましたか（28:7-10）。

3 その後、パウロの一行はどこを通ってローマに着きましたか（28:11-15）。　4

4 パウロはどのような生活が許されましたか（28:16）。

まとめ ・・・・・・・・・・・・・・・・・・・・・・・・・・・・・・

　パウロは大嵐の中でも毅然とした態度を保ち、主のことばを信じて人々に希望を与え、脱出の道を示し続けました。マルタ島では多くの病人を癒やしました。パウロはその信仰と人格によって人々の尊敬を得、ついにローマの地を踏むことになります。

F ローマでの働き 28:17-30

　カエサル〔皇帝〕に上訴したためにパウロはローマにやってきました。この時には、ユダヤ人追放令を発布したクラウディウスは亡くなり、その養子であるネロ^aが皇帝となっていました。また、ユダヤ人追放令が取り消されて何年も経っていたので、多くのユダヤ人がローマに戻っていました。

1　パウロは誰を宿舎に招きましたか（28:17）。

2　パウロは、自分が軟禁状態にある理由をどのように説明していますか（28:17-20）。イスラエルの望み^b

3　ユダヤ人はパウロについて、また「この宗派〔分派〕」（キリスト教）について何と言いましたか（28:21-22）。

4　大勢のユダヤ人にパウロは朝から晩まで何を証しし、説明を続けましたか（28:23）。神の国^c

5　ユダヤ人はどのように応答しましたか（28:24）。

6　パウロは何と宣言しましたか（28:25-28）[52]。異邦人に送られました^d

7　その後二年間、パウロは何をしましたか（28:30-31）。

8　宣教の中心は何でしたか（28:31）。

---

^a ネロ：第五代ローマ皇帝（在位 54-68 年）。ローマの大火（64 年）の責任をクリスチャンに負わせて虐殺した。伝承によるとペテロとパウロはネロの時代にローマで殉教したとされる。

^b イスラエルの望み：メシアが来て王となり、イスラエルと全世界を正しく治めるようになること。神の国の到来。

^c 神の国：愛と正義に満ちた神のご支配が地上に広がり、ついにそのご支配が地上で完成すること。これは旧約聖書の約束であり、ユダヤ人が待ち望んでいたことでもある。p.4「神の国の福音」参照。

まとめ

　パウロはローマ教会を訪ねたいと願い（19:21）[53]、主ご自身もその計画をパウロに告げていました（23:11）。それがローマ軍による護送という思いがけない形で実現しました。パウロは軟禁状態にありましたが、はばかることなく、また妨げられることもなく、神の国を宣べ伝え、主イエス・キリストのことを教えました。

d 異邦人に送られました：本来はユダヤ人がまず悔い改め、真の神の民となるべきだった。それは悔い改めたユダヤ人が異邦人への光、祝福の基となるのが神のご計画だったからである。ところが、ユダヤ人の多くが福音を拒んだために、福音は時を待たずに異邦人へ語られることになった。ただし、ユダヤ人がこのまま救いからもれるのではない。将来、ユダヤ人が悔い改めることは「ローマ人への手紙」9-11章で詳しく述べられている。

おわりに

「使徒の働き」は、イエスが使徒たちに神の国を語り、ご自身がよみがえられたことを示したことから始まりました。そして、弟子たちが、ユダヤとサマリア、小アジア、ギリシア、さらに帝都ローマへとイエスを証しして、神の国を広げていったことが記録されています。

その記録を通して、私たちは多くのことを教えられます。例えば、

- 使徒たちが語った福音について
  - イエスがメシア（キリスト）であり、主であることの意味
  - 神の国と神の救いのご計画の全体像

- 教会のあり方について
  - 教会の中に乏しい者がいなくなるような分かち合いと制度
  - 教会外の苦しむ人々の必要にも信仰と愛をもって応えること
  - 指導者が祈りとみことばの奉仕に専念すること、あるいは、必要に応じて、働きながらみことばを伝えること
  - 地域や人種、文化の壁を越えて助け合う諸教会のあり方

- 奇跡や特別な導きについて
  - 奇跡（神の力ある愛のわざ）が福音を証しすること
  - 聖霊の導きに従うこと

- ユダヤ人と異邦人との関係について
  - 割礼を受けず律法の諸規定を守らなくても、信仰によって罪が赦されて新しい神の民の一員となれること

- 宣教の方法と闘いについて
  - 都市に拠点を作り地方にまで福音を伝える知恵
  - 宣教団の自由な働き
  - 相手の理解や文化に合わせてみことばの伝え方を工夫すること
  - 宣教が前進する時に直面する迫害や闘いにどう対処するか

● 信仰者としての苦しみについて

　　・神の国に入るには、多くの苦しみを経なければならないこと

などです。

　これらの多様な働きは、神の国の現われです。使徒たちは主イエスに従い、聖霊の力によってさまざまな状況の中で神の国を広げていきました。そして、ローマに至ったところで「使徒の働き」は閉じられています。

　書は閉じられましたが、神の国を広げるイエスの働きは、聖霊により、弟子たちを通して、地の果てを目指して二千年間継続し、今日に至っています。私たちも、自分たちの力に頼るのではなく、聖霊に励まされて、生活のあらゆる分野でイエスを主として歩み、神の国の福音を伝えていきましょう。主が再び来られ、万物が改まるその時まで。

　分かち合おう ・・・・・・・・・・・・・・・・・・・・・・・・・・・・・・・・・

　「使徒の働き」の学びを終えるにあたり、それぞれが教えられたこと、また、印象に残っていることなどを分かち合いましょう。また、グループとして実行したいと話し合ったことを思い出し、実践に向けて祈りましょう。

巻末注

¹ マタ 26:55-56
² ルカ 24:20-21
³ ヨハ 20:19
⁴ 17:6
⁵ 1:3
⁶ 28:23、31
⁷ 創 1:31
⁸ マタ 6:10-11、黙 21:1-2、24、22:2
⁹ ルカ 1:1-4
¹⁰ ルカ 24:50-51
¹¹ 詩 16:8-11
¹² 出 19:5-6、申 4:5-8、イザ 49:6、
ロマ 2:17-21
¹³ 創 12:1-3
¹⁴ エゼ 11:19-20
¹⁵ イザ 1:21-27
¹⁶ マタ 10:5-7
¹⁷ ルカ 20:17、I ペテ 2:4-5 参照
¹⁸ 申 15:1-11、24:10-15 など
¹⁹ ロマ 8:1-4、マタ 5:18
²⁰ I テモ 6:17-19
²¹ 2:45-47
²² マタ 5:10-12
²³ マタ 26:56
²⁴ I テモ 5:9、16、ヤコ 1:27
²⁵ アモ 5:25-26
²⁶ イザ 66:1-2
²⁷ 9:11

²⁸ 22:3
²⁹ 6:5
³⁰ ロマ 2:6-11
³¹ 17:31
³² 創 12:1-3
³³ イザ 49:6
³⁴ ロマ 1:4
³⁵ イザ 55:3、II サム 7:12-26 参照
³⁶ 詩 16:10
³⁷ ロマ 3:20-24
³⁸ 3:19-26
³⁹ イザ 49:6、ルカ 2:32 参照
⁴⁰ 七十人訳ギリシア語聖書
アモ 9:11-12
⁴¹ 13:13
⁴² 4:36、9:27
⁴³ 13:4-12
⁴⁴ コロ 4:10
⁴⁵ I コリ 9:5-12、II テサ 3:7-9、
I テモ 5:17-18
⁴⁶ 20:2-3
⁴⁷ ロマ 1:13
⁴⁸ 19:1、I コリ 1:12、3:4-6
⁴⁹ 19:21
⁵⁰ 23:11
⁵¹ 16:27
⁵² イザ 6:9-10、ロマ 11:7-15
⁵³ ロマ 1:10、15:22-24

〔参考にした書籍〕

『新聖書注解』（いのちのことば社、1972－1977）
New Interpreter's Bible, vol.X（Abington Press, 2002）
Eerdmans Dictionary of the Bible（Eerdmans Publishing Co., 2000）
The Anchor Yale Bible Dictionary（Yale University Press, 1992）

年表　ローマ帝国とヘロデ王朝

ローマ帝国がその支配を東方に広げる中、ヘロデは、ローマ帝国への従順を誓って、ユダヤ、サマリア、ペレア、ガリラヤ、そしてガリラヤの東の地方（ガウラニティスなど）を王として治めることが認められました。紀元前4年にヘロデが没すると、その3人の息子たちが、王国を分割して統治することが許されます。しかし、アルケラオは失政のゆえに数年で解任されてサマリアとユダヤはローマ直轄領となり、シリア属州のローマ総督の下で動く長官が行政を担当するようになります。ただし、ある程度の自治がユダヤの最高法院に与えられました。

41年になると、ガリラヤとペレアを治めていたヘロデ・アグリッパ一世が、ユダヤ全域の王となり、一時的にヘロデ家の支配が回復しますが（41-44年）、数年の内に亡くなり、ローマの支配下に戻りました。53年からは一部の地域をヘロデ・アグリッパ二世が治め、また、ユダヤとサマリアは、ローマ総督と共同統治することになりました。この、アグリッパ二世が亡くなったときに、ヘロデ王朝は終わりを迎えることになりました。

地域＼年	前37	前4	0	6	14	26	34 36 37 39 41	44	52 53 54	60 62	66 68	73
皇帝	①アウグストゥス（前27-後14）				②ティベリウス（14-37）		③カリグラ（37-41）	④クラウディウス（41-54）		⑤ネロ（54-68）		
ガリラヤ東	ヘロデ大王（前37-前4）	ヘロデ・フィリポ（前4-後34）					シリア直轄	ヘロデ・アグリッパ一世	ヘロデ・アグリッパ二世（53-92/100）（注2）			
ガリラヤ		ヘロデ・アンティパス（前4-39）妻：ヘロデヤ　ヘロデヤをヘロデ・アンティパスの妻に										
ペレア		アルケラオ（前4-6）										
サマリア						ポンティウス・ピラトゥス（26-36）			マルクス・アントニウス・フェリクス（52-60）	ヘロデ・アグリッパ・PF		
ユダヤ								ヘロデ・アグリッパ一世（41-44）（注1）				

キリストの誕生　　キリストの十字架刑

第一次ユダヤ戦争（66-73）
エルサレム陥落（70）

凡例：
ローマ帝国の直接の支配
ヘロデ家に託された支配

PF　ポルキウス・フェストゥス（60-62）
注1　「ヘロデ王」（使12:1）。ヘロデ大王の孫。ヤコブを殺害
注2　「アグリッパ王」（使25章）。ヘロデ大王の曾孫。総督との共同統治（ユダヤ、サマリア）

113

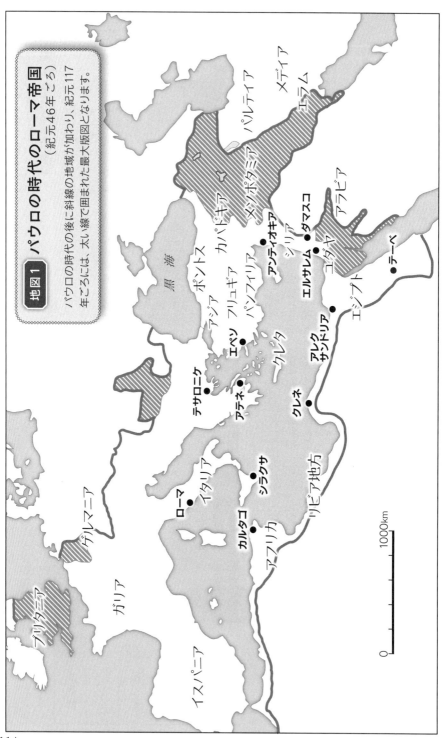

地図1 パウロの時代のローマ帝国（紀元46年ごろ）

パウロの時代の後に斜線の地域が加わり、紀元117年ごろには、太い線で囲まれた最大版図となります。

ブリタニア

ガリア

イスパニア

イタリア

ローマ

カルタゴ

アフリカ

シラクサ

ガルマニア

ダルマティア

黒海

マケドニア

テサロニケ

アテネ

エペソ

アジア

ポントス

ビテュニア

ガラテヤ

フリュギア

パンフィリア

カパドキア

クレタ

クレネ

リビア地方

アレクサンドリア

エジプト

エルサレム

ユダヤ

ダマスコ

シリア

アンティオキア

アラビア

メソポタミア

パルティア

メディア

エラム

デーベ

0 1000km

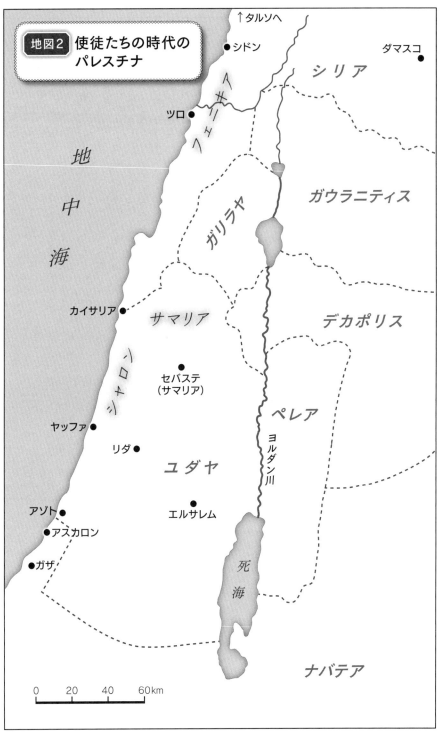

地図2 使徒たちの時代のパレスチナ

↑タルソへ

シドン

ダマスコ

シリア

ツロ

フェニキア

地中海

ガウラニティス

ガリラヤ

カイサリア

サマリア

デカポリス

セバステ
（サマリア）

ヤッファ

シャロン

ペレア

リダ

ユダヤ

ヨルダン川

アゾト

エルサレム

アスカロン

ガザ

死海

ナバテア

0　20　40　60km

115

イタリア

アドリア海

マケドニア

トラキア

アンピポリス

ピリピ

ネアポリス

テサロニケ

ベレア

アポロニア

サモトラケ

エピロス

ミシ

トロアス

ティアテ

コリント

ケンクレア

アテネ

エペン

アカイア

クレタ

地図3　パウロの第一回、第二回
宣教旅行

| 0 | 100 | 200 | 300 | 400km |

クレネ

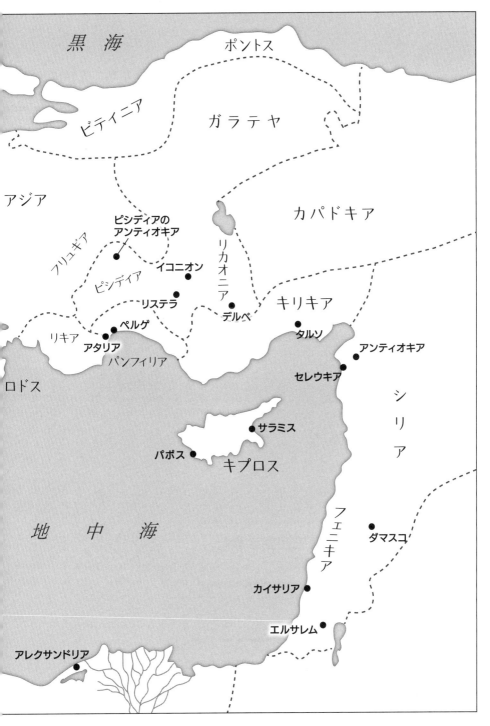

黒海

ポントス

ビティニア

ガラテヤ

アジア

カパドキア

フリュギア

ピシディアの
アンティオキア

リカオニア

イコニオン

ピシディア

キリキア

リステラ

デルベ

タルソ

リキア

ペルゲ

アンティオキア

アタリア

パンフィリア

セレウキア

ロドス

シリア

サラミス

パポス

キプロス

地中海

フェニキア

ダマスコ

カイサリア

エルサレム

アレクサンドリア

117

地図4 パウロの第三回宣教旅行、ローマへの旅

黒　海

トラキア

ポントス

ルピ
アポリス

ビティニア

ガラテヤ

トロアス
アソス
アドラミティオ
ミティレネ

アジア

ピシディアの
アンティオキア

カパドキア

オス

フリュギア

イコニオン

リカオニア

サモス
エペソ
ミレトス

ピシディア

リステラ

デルベ

キリキア

タルソ

コス
クニド

リキア

パンフィリア

アンティオキア

シ
リ
ア

パタラ
ミラ

ロドス

サルモネの岬

パポス

良い港
ナヤ

キプロス

ダマスコ

シドン
ツロ

フェニキア

プトレマイス

カイサリア

アンティパトリス

エルサレム

アレクサンドリア

119

「聖書を読む会」について

　「さあ始めよう」と言って始めたのではなく、「気がついたら歩き始めていた」というのが、聖書を読む会の始まりです。誰でも始められ、参加しやすい聖書の学び合いの方法を祈り求めていた 1970 年頃、アメリカの団体 Neighborhood Bible Studies（現：QPlace）の、質問と語り合いによる聖書研究の方法に出会いました。

　10 人ほどのメンバーでスタートしたこの働きは、徐々に広がって、手引の翻訳、出版、頒布をするようになりました。1980 年に「聖書を読む会」を組織し、それ以来今日まで、神と、諸教会と、主にある兄姉に支えられて働きが続いています。現在では、日本国内はもとより、世界各地の日本語を使う方々の間で手引が用いられ、聖書を読むグループが起こされています。

　聖書を読む会の手引を低価格で提供できているのは、製作費や必要経費などが、多くの方々の献金によってまかなわれているためです。この働きを支えるためにご協力ください。

（郵便振替口座番号：00180 - 9 - 81537　聖書を読む会）

使徒の働き　－神の国の広がり－　　　　定価（本体 900 円＋税）

2018 年 3 月 1 日 発行
2019 年 9 月 1 日 第 2 刷

編集・発行　　聖書を読む会

　　　〒 101-0062
　　　東京都千代田区神田駿河台 2-1 OCC ビル内
　　　Website: http://syknet.jimdo.com

表紙デザイン　　yme graphics　三輪 義也

印刷・地図作成　　（宗）ニューライフ・ミニストリーズ　新生宣教団